2012年 第2册

中国经济观察

王东京 主编

中共中央党校出版社
The Central Party School Publishing House

图书在版编目（CIP）数据

中国经济观察.2012年第2册/王东京主编.—北京：中共中央党校出版社，2012.6
ISBN 978-7-5035-4759-1

Ⅰ.中… Ⅱ.王… Ⅲ.中国经济-文集 Ⅳ.F12-53

中国版本图书馆 CIP 数据核字（2012）第 130601 号

中国经济观察　2012 年第 2 册

责任编辑	曲　炜　楚双志
版式设计	李　灵
责任校对	马　晶
责任印制	宋二顺

出版发行	中共中央党校出版社
	（北京市海淀区大有庄 100 号）
邮　　编	100091
网　　址	www.dxcbs.net
电　　话	（010）62805800（办公室）　（010）62805818（发行部）
经　　销	新华书店
印　　刷	三河市华润印刷有限公司
字　　数	140 千字
版　　次	2012 年 6 月第 1 版　2012 年 6 月第 1 次印刷
开　　本	700 毫米×1000 毫米　1/16
印　　张	11
定　　价	25.00 元

版权所有·侵权必究
如有印装质量问题，请与本社发行部联系

顾　问（按姓氏笔画排列）

　　　　王　珏　　江小涓　　刘　伟　　刘海藩
　　　　李兴山　　张卓元　　张尧学　　林毅夫
　　　　顾海良　　梁小民

主　编　王东京

副主编　赵振华（常务）
　　　　韩保江　　潘云良　　孙小兰

编　委（按姓氏笔画排列）

　　　　万安培　　王天义　　王东京　　王国平
　　　　王　健　　孙小兰　　宁向东　　张　军
　　　　张维迎　　陈甬军　　陈晓红　　杨秋宝
　　　　杨瑞龙　　郑介甫　　柳　欣　　赵振华
　　　　洪银兴　　顾海兵　　黄少安　　梁　朋
　　　　韩保江　　谢鲁江　　潘云良

学术委员会（按姓氏笔画排列）

　　　　于永臻　　王君超　　石　霞　　田应奎
　　　　刘振英　　刘艳梅　　李　蕾　　李继文
　　　　李省龙　　李旭章　　李　鹏　　张玉杰
　　　　张燕喜　　陈文通　　陈宇学　　赵锦辉
　　　　施　虹　　胡希宁　　徐平华　　徐祥临
　　　　贾华强　　袁　辉　　曹　立　　曹　新
　　　　郭　威　　董艳玲　　鲍永升

Contents 目 录

热点聚焦
Hot Spots in Focus

认识城乡中国   周其仁/ 3
Understand Urban and Rural China

CPI 在天边，物价在身边   刘春雷/ 21
CPI in the distance, but Price around us

改革与发展
Reform and Development

聚焦中国经济增长   赵振华/ 31
On the Growth of China's Economy

地方 GDP 之和与全国 GDP 之账何时轧平   王志平/ 46
When Even up the Odds between Local GDP Total Sum and National GDP Number

从扩大房产税改革试点看制度挑战   贾 康/ 56
Real Estate Tax Piloting Reform Enlargement Facing Institutional Challenges

结构性减税和劳动力成本上升   赵 晓/ 64
Structral Tax Decrease and Labor Cost Increase

兴国之要与强国之路   施本植/ 76
Requirement of Invigorating our Nation and Road to Prosperity

探索与争鸣
Exploration and Contention

中国经济的围城与穿越 　　　　　　　　　　　　　　　祁　斌/89
Go Beyond Fortress of China's Economy Besieged

基本宪法秩序下的改革突破 　　　　　　　　　　　　　党国英/102
Reform Breakthrough by Sticking to Constitutional Order

民生三题 　　　　　　　　　　　　　　　　　　　　　汤　敏/121
Three Issues of Livelihood

广东的改革逻辑 　　　　　　　　　　　　　　　　　　姜　波/129
Guangdong's Logic of Reform

短　论
Remarks

文化怎样大发展 　　　　　　　　　　　　　　　　　　金　碚/143
How to Achieve Great Development of Cultural Industry

巫师的预言与经济学的预期 　　　　　　　　　　　　　赵逸楠/148
Witch's Prophecy and Expectation of Economics

调研报告
Report of Investigation and Research

汶川发展振兴展望：勇做科学发展排头兵
　　　　　　　　　　　　　　　中共中央党校经济学部课题组/155
Look Forward to Wenchuan's Development and Invigoration

热 点 聚 焦

Hot Spots in Focus

认识城乡中国

周其仁*

早就想写一组城乡中国的系列评论。自 2007 年在"50 人论坛"成都研讨会上听到当地城乡统筹的改革经验之后，这五年来我对成都的调查访问就没有断过线。不是我一个，而是一群有此同好的同事和同学。我们不但细看城乡成都，还参照调查了重庆、长沙、浙江嘉兴、天津、京郊、镇江、南海与深圳，在横看侧看之间寻寻觅觅，期望增加对城乡中国的认识。

一、城城乡乡之间

中国很大，不过这个很大的国家，可以说只有两块地方：一块是城市，另外一块是乡村。中国的人口很多，不过这十数亿中国人，也可以说仅分为两部分：一部分叫城里人，另外一部分叫乡下人。这样

---

* 作者系北京大学中国经济研究中心教授、北京大学国家发展研究院院长。

中国经济观察

看，城乡中国、中国城乡，拆开并拢，应该是一回事。

当然，我们也可以说城乡美国、城乡德国、城乡法国或城乡日本，更可以说城乡巴西、城乡印度和城乡俄罗斯——除了少数例外，世界上绝大多数国家差不多一概都是城乡两分天下。"城市国家（city country）"是有的，譬如新加坡，整个国家由城市组成，完全没有乡村，不过那里的城市人，不少还是从周边其他国家的乡村里来的。倒是没有"乡村国家"这回事——整个国家全部由乡村组成，完全没有城市——不但当今没有，似乎很久之前也从来没有过。《乡土中国》是费孝通先生的名著，上世纪40年代发表的时候，中国早有了城市。费老本人受教过的苏州大学和清华大学，都在有名的中国城市里；后来他到伦敦大学深造，更是地处世界大都会。或许是城乡之间深刻的分野，才激发前辈学人认知城乡、认知中国。

这是说，一个国家分为城乡两个世界，是相当普遍的现实。当然，普遍性总是隐藏在一个个的特殊性当中的。概而言之，欧美日本等发达国家，城市所占比例高，城乡之间的差别不那么大，所以人们一般不取城乡角度讨论经济社会问题。像美国和法国，今年皆大选之年，不过好像没有听说哪一党哪一派拿那里的城乡问题说事。发展中国家特别是低收入经济体，城市部分比例小，城乡之间鸿沟大，这就决定了国家发展的基础、重点和难点，都在农村。这也不难理解，要是绝大多数人都是农民，那么离开了农村、农业和农民状况的根本改善，国民经济是搞不起来的。

城乡中国本就是一个发展中的经济社会结构，所以无可避免地带有城市化率低、城乡差距大的特征。可是几十年来中国在战略、体制和政策方面不断地选择与实验，也让今天的中国城乡带有若干不容漠视的鲜明特色。其一，"工业化超前，城市化滞后"；其二，市场改革激发了大量的城乡人口流动，不可逆转地改变了经济机会的版图分布；其三，城市化加速与经济高速增长相伴，造就了城乡关系极为夸张的紧张。

并没有把握说,这些现象他国全无,唯我中华独有。但是横看竖看,这样的三个现象交织到一起,把以十亿计数的中国人都网罗其中、欲罢而不能的,在人类历史上没有多见的机会。不是吗?刚刚过去的春节,仅铁道部公布的春运人数就达 2.21 亿人次;算上公路、水路和民航,春节前后 40 天全国客运量超过了 30 亿人次!实在是没有什么可比的:世行有报告说美国每年 3500 万人更换居所,无疑是人口流动的大国。不过,那边是长期搬迁,这厢却是短期探亲,过完了年节还要"打道离府"的。再往上追,19 世纪 60 年代的美国无疑也是个发展中国家,西部大搬迁青史垂名。可是以我 2003 年在耶鲁法学院图书馆里查看到的资料,当年的美国移民多半就是举家西行,不似我们这里,光"留守儿童"和"留守妇女"就有好几千万。

让我辈无法别过头去置之不理的,不仅仅是城乡中国悲喜纠结,还因为在这些现象的背后,有着尚不容易阐释清楚的逻辑。工业化搞不起来,城镇给不了乡下人更多的机会和容纳空间,好懂;可是国家工业化如火如荼,城市大门却对农村日益紧闭,就不那么好懂了。人往高处走的动力学,好懂,所以工业化、城市化伴随大量移民,不断从低收入的乡村区域移向机会与收入较高的城市,也好懂。从这个逻辑出发,城乡差距大,才刺激强劲的进城移民潮,直到更多的农村移民融入城市,城乡之间的人均收入水平就可以趋近。可是迄今为止,中国的城乡差距激发的似乎只是"进城打工者",他们在年轻力壮的时候到城市赚钱,年纪大了还是回家。这岂不是说,城乡收入之差,缩短一段时日之后又要重新拉大?还有那所谓的"土地城市化超过了人口城市化"——从没听说这个别扭概念的读者,要容我以后细说——岂不是确认,中国城市化的加速意味着人口在空间分布的密度下降?如是,叫城市化,还是叫逆城市化呢?!

最不好懂的,是工业化城市化驱动的国民经济高速增长,居然给

城乡中国带来出乎意料的紧张。读到过的相关新闻,十之六七,要件不是一幅地,就是一处房。奇了怪也:房和地不就是"生产要素"吗?平平和和地"配置"不就得了?就算市场上供求双方利益相向,不是还有句老话"买卖不成仁义在"吗?怎么要闹得如此火爆,个别场景居然还要舞枪弄棒的呢?个人不相信那些深不可测的"斗争学说",而倾向于认为,这里面总是哪个制度和政策的环节不妥当,才让中国"浩浩荡荡、顺之者昌"的城市化加速,从某个角度看去还真好像是中了什么诅咒一般的可怕。

是的,在城乡中国的大题目之下,妙趣横生的小题目多得很。"城中村",各位也许略有所闻,不过欲知其详,我们还需要一道前往探查。"村中城"呢?鲜少听说,怕要实地看了江阴地方号称天下第一村里那座300米高的摩天楼,我们才算知其然。还有"城中城"呐,几年来区区在下追踪访问过其中那么几座,颇有感悟,很乐意与读者分享。"大城似乡"则所在多有,费老当年刻画的"乡土中国",不但在观念与人际关系方面依旧覆盖着今日的城乡中国,而且直观地拿"密度"这把尺子来衡量,不少大都会城市的很多空间还是"相当农村"的,大家见怪不怪就是了。中国的城城乡乡之间,有多少现象值得梳理,又有多少道理值得探究?

二、城市的能耐

城乡中国以"城"字打头,那就先打量一番城市吧。让我从2010年上海世博会的主题谈起。这场吸引了7308万人入园参观的世纪嘉年华,全部300多个参展主题展示,包括200多个国家和国际组织馆、18个企业馆、中国内地31个省市区馆以及香港馆、澳门馆、台湾馆,还有近80个城市最佳实践区案例馆,演绎的中心主题就是"城市,让生活更美好"。

自己没有看成世博,除了开馆前,应王石之邀参加过万科馆的开建仪式。很想去的,只是那超级排队的纪录让我到最后还是裹足不前。有同学看了回来兴冲冲地讲见闻,我问那主题演绎得如何?回答是,主题的中英文表达有异,似乎看不出演绎的究竟是哪一个。

看来是很容易就挑到的毛病:"城市让生活更美好"是斩钉截铁的因果关系。"Better City, Better Life"呢?条件的含义很明显——(如果有)更好的城市,(当有)更好的生活。

难怪引出了一场热闹的插曲。那是在世博开幕前,主办方举行世博论坛阐释本届主题。应邀请前往讲演的各界知名人士中,有一位韩寒。谁也没有料到,这位小老弟上台开口第一句话,就刮起一股寒风。他说,"我讲的主题是,城市让生活更糟糕。"看了网上的纪录,他无非是把大都会城市生活糟糕的那一面,数落了一通。看来看去,顶多算与世博主题的中文翻译唱了个反调。要是冲着英文的主题去,韩寒再寒,怕也只能说,"糟糕的城市,定有糟糕的生活"。

中国人百年办一场世博,怎么主题的中译会出破绽?心有不甘,反正又不去现场了,就找背景资料来读。原来从1999年决定申办世博会起,上海市政府发展研究中心就开始研究本届世博的主题。"课题组总结了主题选择的9条原则,从32个提名主题中初选了3个,其中两个与城市有关。同年11月,时任国际展览局主席的菲利普森在访问上海时,提出了10条主题表述,每一条都包含城市与生活。在整个主题研究的过程中,有关专家举行了无数次研讨,最后确定了上海世博会主题:城市,让生活更美好。"

主持其事的有一位幕后人物,叫季路德。履历说他曾是北大荒下乡知青,后来回到复旦任教,自上海申办世博第一天起就参与工作,从申博到办博,前后历时11年。季先生主管的就是世博的主题演绎,所以当记者问及主题的中英文"两者内涵似乎有差异"时,他出面阐释:"中英文在深层次上是一致的,中文是手段和目的的关系,英文则是并列的关系。当然,现在有人说城市根本不美好,你为什么要说

它美好？但是我们也要问，我们的道路、方向应该是怎样？不能说生活的城市不美好了，就质疑这句话，这句话不是一个结论，是一个方向。"

麻烦还是挥之不去。如果强调方向与目标，直译"更好的城市，更好的生活"不就结了？独独一句"城市，让生活更美好"，怎么还是让人觉得好像漏掉了前提——让城市更美好。不讲条件，定断"城市一定让生活更美好"，岂不是把天下对城市生活有抱怨、有批评、有指责的人们，统统推到"城市让生活更糟糕"的大旗之下？

看来不是容易弄懂的学问。可是再读下去，我却从季路德代表上海世博向国际展览局作出的说明中，得到一个新的启发。原来，国际上投票通过2010年世博的主办方之后，上海世博会还要向国际展览局提交《注册报告》，明确定位，才能向参展各国发出邀请。报道说，国展局秘书长洛塞泰斯先生对中方最初文本不满意，提出180多个问题要求修改。季路德带领团队用两周时间昼夜苦战，最后终于在国展局执委会会议上让中方《注册报告》顺利过关。个中细节，报道语焉不详，但其中提点到的一句话，却让我眼睛一亮，"季路德有意识地将中国的城市化进程与世博会主题联系起来"——只此一招，执委会的专家们就觉得上海世博的主题说得通了。

当然说得通。不管言语、议论、牢骚、抨击还是认真系统的批评，选一个角度问，从实际行为看，人们究竟是不是认为"城市让生活更美好"？答案非常明确，因为越来越多的人事实上选择在城市生活，尽管城市生活不尽人意、在很多方面还很糟糕。世博官网上列出的数据可以为凭：1800年，全球仅有2%的人口居住在城市，到了1950年，这个数字迅速攀升到了29%，而到了2000年，世界上大约有一半的人口迁入了城市。根据联合国预测，到2010年，全世界的城市人口将占总人口的55%。中国在这方面落后了一点，但也正在急起直追——2012年1月中国国家统计局宣布，13.5亿中国人的

51.27%常住城镇。

　　拿韩寒来说,他当然拿得出支持"城市让生活更糟糕"的依据。不过若问他自己在哪里生活？只怕还是城市。乡下倒有赛马赛牛的,可要玩F1方程式,非国际大都会不敢问津。文化上的"韩寒现象"呢？以我的外行之见,也以为那纯属城市现象,离开了巨大的人气积聚,才情就是比天高,也做不到发一句话便"让地球人都知道"。或有人说,互联网让城乡之别再不重要。错了——那玩意是城市的产物,也只有城里人才鼓捣得出那玩意儿。它当然可以向乡村扩散,却注定是把乡村改变为城市的一种手段！

　　这就是城市的能耐。城市不但容得下认为"城市更美好"的人,也容得下批判城市、咒骂城市、把城市生活恨得牙根都痛的人们。后者一般不会同意"城市让生活更美好",但他们自己生活于城市、离不开城市的行为,却表明他们在事实上也同意上海世博主题的中译表达。认为乡下不美好——或美好我也不常待——的人可以选择进城,可是进了城又不满意的,除非迫不得已,一般却很少回乡。他们多半边批评城市、边改善城市,或移居到Better City,去过更好的生活。

　　城市的能耐是在比较中确定的。五六年前,有则报道教我记住了这一点。当时刚上任的世界银行行长沃尔威福茨先生访华,在甘肃省永登县秦川镇东川村与村民马社巴有一段对话。沃行长问："你想让你的孩子将来做什么？"马大爷答："我希望他们能上大学。"沃又问："然后做什么工作呢？"答："在城里、公司里挺好的。"沃行长再问："让他们做农活不好吗？"马大爷想了一想说："（做农活）好是好,但不如在城里工作好。"

　　我当时就为文对此评说。现在看,甘肃农民马大爷讲的就是城市的能耐。这也是全世界城市化趋势不可抗拒的关键。本系列由此展开：为什么城市有如此不可抗拒的能耐？

三、人口密度定义城市

我们已经认定了城市的能耐。这就是,不管人们是喜欢还是讨厌,在统计上总是更多的人进入城市生活,以至于城里人占据了总人口越来越大的一个比例。现在大家争说"城市化",没有说"乡村化",似乎唯有城市才有这份能耐。问题是,城市的这份特别能耐,究竟从何而来?

试答一句,恐怕与城市的特征有关。可是,什么才称得上城市的特征?直观描述,天下城市林林总总、形态迥异,每座城市都可以从地理、建筑、防卫、政治、经济、社会、文化氛围等多个角度来观察,究竟要抓什么,才算抓住了城市的特征?

借助搜索引擎的强大功能,键入关键词,看网络能帮我们什么忙?结果也难办:把"城市"放到谷歌搜索,只 0.11 秒就跳出 12.3 亿条结果!无与伦比的多与快,只可惜人脑的能力不匹配,把城市的方方面面都说个够,特征反而就没了。

我自己是因为一个偶然的机会,才得门而入的。那是前年在成都调查,突然看到成都选"世界现代田园城市"作为自己的定位。接触春城书记有几年了,知道他们几个都不喜欢夸夸其谈。提"世界田园城市",必有道理吧。就近请教行家,才知道自己孤陋寡闻。原来"田园城市"是20世纪国际上颇有影响的城市规划理论流派,代表人物是英国的 E. 霍华德。这个大专家不但坐而论道,且身体力行,在伦敦和曼彻斯特附近建成的"Garden City",据说至今还蛮有生机的。我们由此受到触动,研究城乡问题怎么可以对城市知道得如此之少的?于是把霍华德和其他几家著作一并找来翻阅。顺藤摸瓜,我发现一位生物学家的著述,对自己把握城市的特征很有帮助。

他叫格迪斯(Patrick Geddes, 1854—1932),出生于苏格兰,曾

经师从著名的进化论研究先驱 T. 赫胥黎，后来在伦敦大学和孟买大学任教，是位出色的生物学家、社会学家和教育家，也是现代城市和区域规划的先驱思想家之一。久负盛名的当代城市学家刘易斯·芒福德，就尊他为自己的导师。我们在上海世博主题演绎的文字里，看到过芒福德的名言——"城市是一种特殊的构造，这种构造致密而紧凑，专门用来流传人类文明的成果。"

格迪斯于1915年出版的《进化中的城市》，虽没有提供类似"田园城市"的构造性理想，却很好地帮助我们理解，在进化论看来相当复杂的"城市"形态的重心所在。这本书开篇坦承"城市自身仍然是难以言语的"，而我们也"难以给它清晰的表达"。那么，如何处理城市题材才好呢？他援引亚里士多德的看法："宏大的抽象观点，依赖于宏大的具体景象（Large views in the abstract, depend upon large views in the concrete）"——要求首先为城市学和城市规划奠定可靠的认识基础（中译本见李浩等译，中国建筑工业出版社2012年版）。

格迪斯还推荐了一款认识城市的工具，这就是英国人口地图。他甚至亲自打开这幅地图，带他的读者一起开始观察："这就是大家熟知的大伦敦——其大量人口正向各个方向——东、西、南、北——不同程度地蔓延，经过泰晤士河及其次级河流的河谷地带，填充起来，黑压压地挤满，只剩下楔形的高原地带依旧是白色"；"这时，我们获得第一张，也是唯一的（直到它形成的时候为止）、相当精确地反映大伦敦发展的图片"。

对照书里的插图，我很容易就明白了作者的形容——"伦敦这条章鱼（octopus）有点特别奇特……（它）是一个巨大的不规则的增长物，在先前的人类生活中没有类似物——或许最像一个巨型珊瑚礁的伸展……它向前生长，起初较为稀疏，白色的分布比其他更远、更快，但各处人口稠密的深色紧随其后。内部有一片黑色的密集地区；然而，那日常的脉动中心（pulsating center）召唤我们，找寻一些比珊瑚生活更高级的鲜活比较"。

真正的妙不可言。城市活像一条八脚大章鱼，还可以用不同的颜色来描绘——黑色的、深色的、以及白色的——代表着不同的人口稠密度。更重要的是，城市章鱼四处伸展，不但把"数不清的村庄和次级市镇，像一些细小的动植物"一样地"吞噬掉"，而且城市本身也有生命，有生有死的。对这一点，当我们细加比较不同年代的人口地图时，会留下难以磨灭的印象。

格迪斯就这样平实无华地抓到了城市的本质特征。如果只许用一个词汇来定义城市，那么这个词就是"密度"或"人口密度"——单位土地面积上人口稠密的程度。没错，城市是由密度来定义的。古往今来，不管什么文明或什么国家，都靠高密度人口集聚的空间来界定"城市"。其中，人口最为稠密的，叫大都市；密度略逊的，是次级城市或镇；人口密度低于某个临界值的，那就是乡下地方了。

前人关于城市的定义，凡经得起推敲的，也就是人口密度而已。《简明不列颠百科全书》说"城市"是"一个相对永久性的、高度组织起来的人口集中的地方"，差不多是同义反复：没有高度组织，根本不可能形成人口集中的地方；至于"相对永久性"，我以为也与人口集中共存亡——凡人口还能集中在一个地方的，城市文明就可持续；拢不住人口的，城市就"死了"，或更准确地说"散了"。《维基百科》说"城市是人口较为稠密、工商业较为发达的地区"，点到了工商业发达与人口稠密的关系。与此类似，不少关于城市的定义强调非农业的工商活动在城市生活中居主导地位。这当然重要，不过似乎也是另外一种同义反复——从古到今，凡高密度集中了人口的地方，根本就没有、也不可能以农业为生。

比较起来，还是芒福德所说的——城市构造"致密而紧凑"——更为传神。这里，"致密"和"紧凑"都富含动态的意味：给定生态、环境、技术和人文历史的限制，人类不断地集聚再集聚、趋密更趋密，才有生生不息的城市文明。在这个意义上，"城市化"不仅仅只是乡下人移居城市的过程，也是城市不断生长、再致密、再紧凑的不断重生而不知终点的进程。

这样看，各国行政当局划定的"城市"，不过是"大章鱼"身上被临时套上的一件件外罩罢了。例如，根据维基百科，丹麦把任何250人以上的居民集中地区都列为城市；加拿大把1000人以上的居住区视为城市；德国、美国、印度、马来西亚则分别将城市的"人口下限"定为2000人、2500人、5000人和10000人。这里，人口密度是划定城市的共同根据，不过国情不同，达到何种密度的才有资格纳入城市的序列，在各个国家的不同时代，有所不同。

中国的办法很特别。我们这里似乎不是把人口集聚达到临界密度的地方划为城市或镇，然后再加总统计城镇人口。中国之法是倒过来，先划定哪些地方够城市或镇的资格，然后再把常住其中的人口计为城镇人口。譬如年初国家统计局宣布中国城镇化率超过51%，那就是有51%以上的人口，常年住在被行政划定为城镇的地方。

但是，哪里可以建市、哪里又可以设镇？诸项条件之中，总有一项是行政辖区范围内的人口数量。这就是说，人口密度还是间接进入了中国城镇。不过由于版图辽阔、各地差异很大的缘故，各地建市设镇的人口密度条件差别很大。珠三角的不少镇，拿欧洲标准来看早就够大城市了，但边疆地区的一个县城，才不过住了几千人而已。"一条长街7个灯，喇叭一声响全城"，那样的城市怕还是有的。

这给跨国的比较研究，带来困扰。不过有专家做了转换工作，把各国由行政划定的城市（镇）化指数，换成基于统一人口密度的"集聚指数"（agglomeration index）。长话短说吧，中国的集聚指数略高于官方的城镇化指数。这是说，我们惯用的城镇化率，略为低估了以人口密度状况来定义的中国城市化进程。

四、经济密度甚于人口密度

很多人集聚在一个相对狭小的地理空间里,一旦达到某个人口密度的标准,此地便被命名为"城市"。放长了眼光来打量,这个变化趋势在全球范围内迄今依然有增无减,"城市化"大潮不可阻挡。

看来,人还不单单是所谓的社会动物,而且还是"倾向于集聚的"社会动物。倘若问:为什么普天之下,人都喜欢往城市里凑?文化和文明方面的理由我说不好,经济上的动力看起来直截了当——城市创造更高的收入。

以2010年又一次到访过的东京为例。大东京的人口聚集程度早就令人印象深刻,在仅占全日本4%面积的空间里聚集了25%的人口。不过,这里的经济聚集程度非常高:该年度东京的人均国民生产总值7.2万美元,高出日本全国平均值的67.4%。这样算下来,大东京一个地方就占日本总产出的40%。

其他大城市又何尝不是如此呢?据2004年的统计,大阪人口占日本人口1.6%,但经济(GDP)占4.1%;伦敦人口占英国人口11.8%,经济占13.3%;纽约人口占美国人口2.3%,经济占3.5%;芝加哥人口占0.92%,经济占1.25%;洛杉矶人口占1.3%,经济占1.68%(把这三大美国城市加到一起,人口占全美4.52%,经济占6.43%);多伦多人口占13%,经济占14.4%。发展中国家好像也是如此,如墨西哥城的人口占全国19%,但经济占20%。世行行长佐立克还提供过一个更为夸张的例子:35.7%的埃及人口聚集在只占全国土地面积0.5%的首都开罗,但产出的GDP却超出了全国的一半!

最后的这个例证,就写在2009年世界发展报告(《重塑世界经济地理》)的前言里。那份报告的主题,正是经济发展和财富分布的地理不平衡:人口、生产和财富向城市、大城市和发达地带聚集和集中。读者可不要被"重塑"这类词汇迷住了,似乎人们动不动就可以"打造"出一个新世界来。正好相反,差不多一代人以来的研究成果显示,不论有多少人偏好于"更平衡的增长",全球范围的证据却表明,人的经济活动所包含的逻辑就是在流动中聚集,然后再流动、再聚集,直至人口、经济和财富在地理上集中到一个个面积奇小的地方去。

这正是"城市化"本来的含义。讲过了,城市总以人口密度来定义。至于人们为什么喜欢——不喜欢也一样——向城市聚集,上文提供了理解的线索,这就是经济聚集甚于人口聚集。这么想吧:开始兴许是安全或其他随机的原因促成了人口聚集,但人们只要发现人口聚集有利于经济增长,聚集到一起有利于增加收入,聚集与再聚集的增长引擎就发动了。

如果经济聚集度高于人口聚集度,那么除非有越不过去的屏障,就一定还会吸引更多的人口聚集。仍以大东京为例,听当地行家介绍,早在30年前,不少人就抱怨这个天下第一大都会的人口太多、空间太密、"承载力"不堪负荷。有关的立法和政策,也在很长时间里围绕"东京疏散"、"更平衡增长"的思路推进。可是,几十年时间过去,实际趋势还是聚集度在增加,因为东京的致命吸引力还是挥之不去,"向东京聚集"的进程还是势不可挡。

道理简单:即便加上疏散和平衡政策的作用,东京的经济密度依然高于其人口密度,人均产出还是高出全国平均水准近70%。这是说,移入东京的,收入水平就提升。人往高处走,哪还有个挡啊?当然,大东京的高密度也增加了人们的生活成本与生产成本,可是利害相权,孰轻孰重,"春江水暖鸭先知",当事人总是算得明白的。东京的聚集之势依然,恰恰显示了芸芸众生的算计结果,并一目了然地写在日本的大地上。

顶牛多少年,据说最后还是东京的市政当局及其规划专家认了。

干嘛非要把人推向低处去呢？如果经济规律使然，人类喜聚集，创造更好的聚集环境不就顺了吗？2010年10月我们在东京参加会议，主办方安排了一趟空中观光。直升机从市中心的高楼顶上升空，环顾一看，好几座摩天大楼的楼顶上居然是工地，多部工程机械忙得正欢。请教后才知道，这是东京的城市改造——"空中城市花园"，要进一步增加大都会的密度，不惜到高空来实现霍华德当年的城市理想。

经济密度高于人口密度，必定吸引更多的人口聚集。可是人口聚多了，经济密度是不是一定还可以提升？不见得。2004年首尔的情况就是这样的，这个韩国首都的人口占全国的21%，但经济（GDP）仅占20.7%。此前多年的报道说，首尔像个黑洞一样吸取着全国的资源，甚至闹得釜山那样的城市也出现了"负增长"。

这并没有否定城市化的动力机制——"经济聚集甚于人口聚集"。我倒是倾向于推断，如果出现了类似首尔这样的情况，即人口密度与经济密度持平、甚至略有不逮，那么这个城市的人口聚集就达到了一个"边"，再也难以继续。还是"人往高处走"的准则在起作用，既然此处经济聚集的趋势不再，收入不留爷，那人们就寻找其他收入更高的"留爷处"。要是处处不留爷呢？那城市化就到顶了，因为事情已经"均衡"。

人口聚集推进经济聚集，反过来再刺激人口聚集，这就是城市化的动态进程。怕是老天爷也打不得包票，推进城市化的动力永不衰竭。我们只能说，迄今为止，全球范围的城市化依然没有停步的迹象。当一些城市停滞、衰亡时，另一些城市生机勃勃地兴起；一个时期——有时候真的很长——城市化止步不前，另一个时期，城市化又欲罢不能。我们能够抓得住的，唯有一个关节点，这就是经济聚集是不是高于人口聚集。如果环境的、技术的、制度的和观念的条件，能够维系经济聚集超越人口聚集，我们就有把握推断城市化必将继续。反之，经济地理就将重新"变平"，不管你我高兴还是不高兴。

以上所述，基于直观的常理，不证就可以自明。这也是本栏认定的城市化的普适道理，放之四海而皆准。千差万别的是，满足推进城市化的条件，特别是本文强调的"经济聚集高于人口聚集"，的确各个不同。以中国为例，从古到今，"城市"不过是人口聚集和经济聚集的结晶，这和世界上任何其他地方的并没有什么不同。中国的特色在于，人口聚集久久得不到更强有力的经济聚集的召唤和刺激，从而在很长的历史时期里不曾给城市化以应有的推动。

五、抑制城市成长的传统原因

理解中国城市化的进程，要借助某些关键的因果关联。在方法上，这就离不开一套思维游戏，比如"观现象、猜原因"。不过，因果关联也有多种多样的可能性，猜测要选方向。上文我们先排除了一种流行取向，即把人均收入水平看作城市化率高低的原因。那只不过看起来好像两个量，其实是一回事，谁也说明不了谁的。

余下再向哪个方向猜？还是费思量。传统时代中国城市化的程度不高，是不是农业文明的一个必然的空间表现呢？想想是蛮有道理的。农业活动的技术基础是光合作用，每一株作物的每一片叶子都要晒得到太阳，才有产出。这就决定了，农业文明追求的是土地的面积——"有土斯有财"。在广袤的土地上搞农业，人口唯有分散居住，才便于就近照料庄稼。是的，倘若不是因为安全与防卫的需要，传统农耕文明的居住模式可以是极其发散的。

不过，早有学者指出，中国山多地少、各地差异极大的生态经济环境，并不注定这个伟大的文明非要以农立国不可。[①] 事实上，商业文明早就在中国萌芽。从本文关注的角度看，商业活动从一开始就提

---

① 参见许倬云著：《汉代农业》，华盛顿大学出版社 1980 年版。

中国经济观察

出了在空间上聚集的要求。我们不妨从"集市"开始——那可是最初级的市场——买家和卖家总是自然地聚到一起，仿佛非要熙熙攘攘地凑热闹，才便于交易的达成。

问题是，仅仅为农业服务的集市，受制于交通条件，覆盖的人口范围不可能过大，本身聚集的程度也不可能太高。关于这一点，人类学家施坚雅（G. W. Skinner）做过出色的研究。这位早在1949—1950年就在四川做过田野调查的美国教授，发现传统的乡土中国是由市场——而不是由村庄——组织起来的，在庞大的市场网络的最基层，往往是一个集市带动着周围15～20个村庄。

从集市"向上"发展，就会到达层级各不相同的"中心市场"。原来，交易活动也分层，并像产业活动一样会逐步升级！现在不难明白，这只不过反映了交易批量的增加、交易半径的延伸，以及交易复杂程度的提高，所以需要集中更多的资本——人力的以及非人力的——参与其中，当然也因此需要更完备的保护。于是，高端中心市场多半设在有城郭拱卫之处，依城建市，"城市"应运而生。

当然，"城"还有其独立的来历。对版图辽阔的中央帝国而言，庞大的军事行政网络必定有空间上的表现。至少秦汉以降，"百代都行郡县制"——皇帝老子靠朝廷命官治理天下，布关设防、征收税赋、实施政令，当然要选地理网络的中心节点充当各级衙门的所在地，否则无从应付大一统帝国极其昂贵的治理成本。官、兵、民的聚集之地，商业服务供需两旺，因城而市的，所在多有。其中，最耀眼的当数历代京师之地，像咸阳、长安、杭州、北京，每一个都是最繁华大都会的一时之选。

这样，以市依城也罢，以城立市也罢，殊途并进，一起成就了中国层级制的城市体系。这里有什么共同的特点可以把握吗？我以为还是施坚雅的概述最为精炼，"从一个中心地上升到上一级中心地时，居民的户数就会增加而从事农业生产的劳动力比重则下降"①。到了非农业人口聚集这样一个抽象层面,中国的城市与法国年鉴学派刻画下的欧洲市场与城镇体系,看起来也就没有什么很大的不同。

可惜,城市体系作为复杂商业的空间构造,说精巧极精巧,说脆弱又非常脆弱。譬如战乱对城市的摧残,总是甚于对乡村的破坏。很不幸,中国历史上外患内乱频仍,战争动乱的规模之大、持续时间之长、杀戮之残酷,历史上的欧洲怕是没得好比的。历史似乎不讲对称,生产力聚集到城市不容易,破坏力以城市为目标却"很自然"。仅就此点而论,中国的城市文明即使达到过西方不曾有过的高度(想想马可·波罗由衷的赞叹),也一定屡遭毁灭性的破坏。令人不堪回首的历史记忆,甚至凝结为民间智慧,例如在刘心武的笔下就出现过以下字样:"小乱进城,大乱下乡。"是啊,一次次的大乱总是先毁掉城市文明,既然身家性命在城里难保,还不如上山下乡吧。

和平时期城市发展的最大敌人,则是中央政权持久的抑商政策倾向。过去我总是读不明白,为什么历代中国皇权会一以贯之地敌视商业?有解释说,那是商业利润太高,难免令执政者担心农业生产的根基被瓦解。这是说,担心"无商不富"摇动了"无农不稳"。可是经济逻辑并不支持以上"道理"——商业暴富是因为商业活动的供不应求,唯有"兴商"才能降低其平均利润,而"抑商"反倒会永远维系商业暴利。历代那么些个圣贤与明君,为什么连这么个简单道理都不懂?

后来看了20世纪40年代末吴晗和其他多家的著述,才领悟到中央皇权真正担心的是富商与之争夺官僚的忠诚。农业大国的财政基础薄弱,"高薪养廉"很好说,真正做到就不容易了。低薪不养廉,官

---

① 〔美〕施坚雅著,史建云等译:《中国农村的市场和社会结构》,中国社会科学出版社1998年版,第10页。

僚们公权私用的成本很低,一旦富商使钱买走他们的忠诚,即便"贵为天子",还有什么意思吗?这样看,"抑商"所固的远不止是"农本",而是大一统天下国家的政治国本。

代价就是城市抑制。因为讲到底,抑商即抑城。个中道理也简单:商业活动要聚集在大大小小的城市才能展开,人口聚集推进经济聚集(即人均收入显著增加),反过来经济聚集再吸引人口聚集,城市化的发动机就安装上了。可是,抑商政策插进来一杠子,非要把商业利润人为地压下去,那么商业活动的人口聚集就带不来人均收入更高的结果。失去经济聚集的刺激,甚至经商还不如务农,人口的城市聚集怎么可能会有强大的动力?

加到一起,以农业为本的经济结构、抑商政策倾向、以及频繁的战乱,一起抑制了现代化以前时代中国的城市成长。据史家估计,1843年在中国商业经济最发达的长江下游地区,约有7.4%的人口居住在2000人以上的城镇,比商品化程度较低的华北地区的4.2%高出了3个百分点以上。但是,1801年的英国,居住在5000人以上城镇的人口就达27.5%。① 这说明,早在工业革命之前,城市抑制就拉开了中国与西方国家发展的距离。

19世纪40年代以后的中国,主权动摇、被迫开放。以上海为代表的"五口通商"推进了城市化的进程,却又被一场场更大规模的战乱所抵消。正负影响算到一起,到中华人民共和国成立的时候,全国的城镇化率也就是区区的10%。新的问题是,在结束了战争、重建国家主权之后,再加上经济方面的强有力的国家工业化,中国是不是就具备了消除传统时代抑制城市成长的条件?

---

① 长三角和华北数据,见 Skinner (1977, p.229);英国城镇化数据,见 Wrigley (1985, p.682)。Philip Huang (1990, p.52)。

热点聚焦

Hot Spots in Focus

CPI 在天边，物价在身边

刘春雷*

当 1 分钱硬币基本上退出流通，仅仅作为记账单位，而不是具体交换的媒介手段时，当不仅拿一分钱硬币买不到一块糖，而且 100 枚一分钱硬币并不能像一枚一元硬币那样具备一两张报纸的相同购买力时（报摊主极有可能拒绝"如此之多"的零钱），是不是可以认为期末的 CPI 是期初 CPI 的 10 倍？

当然，稍有一点经济学常识的人都知道，CPI 是指居民消费价格指数（Consumer Price Index）。10 多年前 3 毛钱一个苹果，现在是 3 元一个苹果，个别商品的价格上涨幅度并不能简单看做 CPI 的上涨幅度，其中还有样本和权重的问题。但是，当 CPI 基本上不反映寻常百姓的日常消费品涨价的幅度，CPI 就很远，远得像在天边，人们就完全有理由更关注身边的物价，对天边的 CPI 的研究大可看做屠

---

* 作者系海通证券股份有限公司博士。

龙之技。经济学的某些"金科玉律"作为经济学家们对话争论的效用似乎比透视经济本质的工具属性更强。

一、用物理量大致相当的"一篮子"日用品判断CPI是否失真

判断CPI是否远离真实通胀的一个"土办法",是比较一下不同国家超市物理量大致相当的"一篮子"购物所支付的货币的数值。不考虑汇率因素和币种,只看数字,假如等量的一篮子日用品需要500元人民币,而在加拿大可能要100加元,那么,就说明中国过去若干年的真实通胀水平高于加拿大了。因为追溯到若干年前的某一时点,单位人民币和单位加元在各自的国家所支配的日用品是相当的,或者即使不是相当的,比较一下期初一篮子的差异与期末一篮子的差异,再看看两国的CPI,就知道其中CPI到底离我们多远了。几乎没有哪个国家的货币当局愿意在法定货币创设之初,就发行面值数量巨大的货币,一分钱、一角钱等较小面值辅币都是可以独立交换日用品的。只是由于恶性通胀,币值变得越来越大,交易和记账变得极不方便,才将新币换旧币。俄罗斯1998年改革币值,1个新卢布等于1000旧卢布,普通居民的银行存款从当年1月1日起全都按1000∶1的比价进行转账,一下子去掉了3个"零",算账方便多了!1955年,中国人民银行实行币制改革,全国发行新人民币(第二套)的同时,收回旧人民币(第一套),新人民币1元＝旧币1万元,最小币值新人民币1分＝旧币1百元。

二、通胀年代多疑的价格

通胀年代,对那些价格高得离谱的商品,比如一棵白菜相当于一斤半猪肉,恐怕不能用"蛛网理论"来解释,除了短期的供求关系失衡因素外,是不是也有一个成本推进因素?土地的机会成本、维持农

民劳动力简单的最低纯收入、农业生产资料、资金成本等等，都在上升，凭什么农产品的价格要低位徘徊？而那些可替代的非生活必需品，其价格涨落就无关老百姓生存质量、生活品质，大可任其价格曲线"荒唐"下去。比如几十元一张的宣纸，比同等面积的印制钞票用纸还"值钱"；再比如"名家"涂鸦制作动辄千百万元的拍卖价格。不论是对统计局的CPI，还是对居民实际的消费品价格，都没有经济意义。

对那些便宜得离谱的商品质量同样要多问几个为什么。比如，菜市场上大豆的零售价格是每公斤10元，而大豆油的价格是每升13元，这样的比价关系难道不令人对豆油的质量生疑？用什么先进的方法"浸出"比例如此之多的大豆油？质量换数量的游戏天天在上演。一袋标示原产地东北的大米，价格还是那个价格，但其中掺杂了少量价格更低、产地不明的大米，质量下降，数量不变；一根用地沟油炸出的油条，与正常食用油炸出的油条相比，价格没有变化，变化的是颜色、口感和营养成分。

通货膨胀的根源在于货币发行过多，而政府却千方百计抑制成本推动。不抑制货币供应，反而担心上游价格上涨向下游传递，可谓舍本逐末。还是让"成本推动"来得更畅快些吧！竞争领域的产品价格是不可能长期维持暴利的，企业也不可能脱离生产成本天天涨价。任何一个理性的"经济人"都清楚，非成本推动的乱涨价的结果只能是丢失企业的市场份额。但通胀条件下就不同了，同类企业面临着相同的成本推动压力，注意！是通胀带来的成本上涨，而非相反。如果上涨的成本不传递下去，要么意味着企业利润减少或者亏损，要么意味着突破必要的成本限制甚至以次充好。政府不应该干预竞争领域的成本信号传递，抑制成本推动是不明智的。管住货币远比管住价格（竞争领域）富有智慧。

钞票发多了就通胀，抑制通胀的长效措施只能是少发钞票。在事实上已经不太温和的通胀环境里，生产要素、商品和服务的价格，需要逐步上涨，缓释通胀风险。对于垄断行业的产品价格也要逐步调整，如采用阶梯价格缓释成本上涨的压力。居民消费品，尤其是不可替代的食品和居住类商品，如电、水的不同用量对应不同的梯次的价格，鼓励节约资源，提高资源类商品的使用效率。但阶梯价格机制要发挥作用，产生实际效果，则需要进一步拉大价格梯次，让浪费电、水的消费者付出比较沉重的代价。中国是一个人均水资源贫乏的国家，但几乎在居民日常用水那里没有什么反应。北京、上海等大城市的汽车尾气污染十分严重，但你也几乎听不到以汽油价格调节汽车使用的声音，倒是流行着油价补贴这样的"劫贫济富"政策，有车的污染者比步行的环保者占用更多的财政资源。一个比较可行、且相对兼顾公平与效率的价格政策是：取消出租车的"份子钱"，出租价格随着油价调整而调整，让高油价迅速传递到终端消费者那里，从而减少空气污染和碳排放。

三、实物券是底层对抗长期通胀的有效手段

发行实物券对抗通胀更有现实意义。即使没有恶性通胀，一个人的储蓄也经不起数十年"温和"贬值。想一想，上个世纪80年代"万元户"的故事吧，如果那个年代一个人退休之前在银行里有1万元储蓄，今天有多大购买力？如果那时这个人用1万元购买黄金或者邮票，今天的购买力又是多大！如果发行实物券，他可以拥有未来任何时间兑换实物券上标明的一定数量和质量的商品、服务，还免去了保管费用。

实物券不失为高通胀年代改善底层穷人生存状态的有效选择。通胀预期也有一定惯性，如果以货币方式提高最低生活保障，可能会出现底层收入与必需品价格交互增长的局面。而且收入的增长一般赶不上生活必需品的价格的增长，物价的增量消耗掉退休金的增量。如果发放实物券，就可以完全对冲真实通胀的蚕食，真正提高低收入者在

GDP 蛋糕中切分的比例。

有人呼吁减税，减税固然可以减轻低收入阶层的负担，对于低收入家庭，即使每月几十元的所得税也是令人讨厌的。但比减税更有效的是实物券。因为实物券不像减税那样带有普惠性，不存在控制油价那样的"劫贫济富"问题。甚至可以发教育券，解决没有城市户籍的农民工子弟的城市就学问题，用经济杠杆刺激城市优质资源配置到农民工子弟身上。比如，政府针对农民工群体定向无偿发行教育券，农民工以手中的教育券支付给学校，学校出于自身经济利益，也会减少拒绝农民工子弟入学的冲动。

四、"说真话"的房地产价格

房地产的英文为 real estate，巧合的是，它也是那个"真正地"看破皇帝新装的"孩子"。住房制度改革以来，房价总体上涨的事实基本上反映了钞票贬值的水平。房地产以其有限的供给量和不可贸易属性，成为货币内在价值之"锚"，印钞机的转速越快，房地产的价格越高。跑赢统计意义上的 CPI 远远不够，跑赢居民感知的物价总水平的实际上涨才是经济规律的胜利。房价没有直接计入 CPI，代之以居民居住类价格，包括建房及装修材料、房租、自有住房以及水、电、燃气等与居住有关的项目，也就是说购买商品房的行为不被界定为消费。诸如 CPI 统计口径、国际惯例、与国民经济核算体系中的消费分类的一致性，等等，隔离了 CPI 与作为居住而非投资的房屋的价格上涨、哪怕是虚拟租金上涨的对应关系。随便看看城市外来人口的房租的绝对支出及房租占其可支配收入的比例，就知道 CPI 早已从老百姓身边飞到了天边。

房价不过将收入分配和区域、行业发展的不平衡显性化了。没有人责难不同品牌汽车的价格相差十几甚至几十倍，却总是对高房价愤愤不平。一些学者总是醉心于研究房价的合理水平，还比较各国房价收入比，给出所谓的量化公式。其实，中国的房价高低与否，完全取决于大多数房屋购买者的支付能力和融资能力，一个城市需要纳税申报的白领虽然有些储蓄，但你不能说他不是普通人吧，这样的人倾全家之力（包括按揭贷款）可以购买房屋的价格，就是合理的价格。

五、蒸发国民财富的"负和博弈"

人们总是自觉不自觉接受通货膨胀可以刺激 GDP 增长的理论，却忽略通胀对国民财富的长期损害。通货膨胀大背景下，实体经济与虚拟经济、金融资本与产业资本、货币所有者与使用者、债权人与债务人、企业与政府、穷人与富人、老龄人口与非老龄人口，等等不同主体之间的博弈不是一个简单的"零和博弈"，而是一个"负和博弈"！由于事实上不够温和的通胀的存在，加上所谓逆周期调控的需要，基准利率又在维持负利率的条件下被过于频繁地调整，从而降低了金融资源配置的效率。货币资本所有者对实体经济创造的利润的分割比率，被频繁地、较大幅度地调整，不仅降低金融资源的配置效率，也降低实体经济的运行效率。

理论上讲，货币数量的增加不改变长期"实际"利率（剔除真实通货膨胀率，而非远远偏离真实通胀率的所谓 CPI），因为货币数量的增加具有两面性：一面是充裕的流动性带来货币和资本市场的收益率下降；另一面是物价总水平的上升推动名义利率的提高。因此，在利率市场化条件下，实际利率应被维持在一个相对稳定的空间。但是，真实通胀水平因金融垄断以及包括 CPI 在内的那些异化了的指数，并不能完全传导于远期实际利率。于是，负利率就被固化为常态。名义利率单边钝化，基本上没有反映物价总水平的上涨幅度。当然，低估通胀的 CPI 又弱化了负利率程度，给追逐名义利率的持币者以些许心理安慰。不要忘记，在 CPI 与通胀的真实水平有较大的背离时，温和通胀滑向恶性通胀的危险性就更大。从温和通胀到恶性通胀，就是一步之遥。一国的竞争力在于国民财富，而不是有水分的或无效的，甚至有害的GDP。国民财富自然包括居民的货币形态的财富，在名义CPI不大，但真实通胀很大的情况下，像本币储蓄这样的货币形态的财富就会被严重蚕食。

改革开放以来的中国取得了持续经济增长的奇迹。现在和可见的未来面临的问题是如何获得可持续的、高质量的经济增长。毫无疑问，高通胀的增长不是高质量的，也是危险的和不可持续的。中国经济的可持续高质量增长不可能长期依赖于投资驱动和货币超发。在币值稳定与经济增长的平衡取舍中，更大程度地倾向币值稳定。企业，尤其是小微企业融资难，根本上讲，不是货币供应的总量问题，而是结构问题。在一个自然人信用和法人信用普遍缺失的环境里，向大企业放贷自然是银行的理性选择。货币供应的结构问题，有赖于彻底打破金融垄断和有效提升包括小微企业在内的市场主体信用。

六、指数化并不保证更接近事物本质

判断一个人是否发烧，体温计需要置入腋下，而不是头顶或脚底。同理，判断物价总水平的高低，需要以这个社会最具有代表性的人群，也就是寻常百姓的日常消费结构，而不是极端贫困人口或高收入阶层的消费结构，选取CPI样本。如果做不到这一点，就只能退而求其次，不看天边的CPI，只看身边的大米、面粉、猪肉、白菜的价格涨落。那些边际成本近乎于零的商品和服务，比如电信服务价格的下降本来就是常态，居民对这类商品服务的消费也具有"边际"特点，正是因为增量较存量价格的巨大落差，才产生增量的消费，比如已经有一部手机的人，新增的那部手机资费一定远远低于原有手机。如果以这类消费去拉低CPI指数，无异于掩耳盗铃。

无休止地细化商品分类，并不能让CPI更接近经济生活的本质，即使运用最先进的IT技术统计出所有商品的价格上涨也没有意义。

一个穷人可能只是关心那些几乎没有替代性的食品、居住、交通、医疗、教育的价格涨了没有,而风景区的门票价格是2倍还是3倍于卢浮宫的门票,摩天写字楼的电梯故障是否拉低租金,远在天边,与他们无关。

这是一个指数化的时代,什么穿衣指数、污染指数、幸福指数、洗车指数,商品零售价格指数、城市居民消费价格指数、农村居民消费价格指数、工业品出厂价格指数、固定资产投资价格指数,等等。指数化的东西似乎具备了某种可比性,殊不知中国的CPI与美国的CPI就没有什么可比性,甚至比失业率的可比性还要低。

不同的消费群体的消费结构迥异,富人养狗的日均花费可能大于贫困人口一天一美元纯收入。如果一定要指数化商品价格,那么对低收入人群与高收入人群的区分就非常重要。低收入人群和高收入人群各自的消费价格的分类指数,可让人们更直观、更清晰地知晓自己手中货币资产的贬值程度。

郑人买履寓言故事中的那个郑人迷信尺子还与自己脚一样长,虽然有些愚,但起码"度其足"的尺子大小与即将要买的鞋子是吻合的;可今天,我们迷信的CPI却远不如郑人之"度"那样准确,与其迷信这把失真的标尺,还不如直接看具体的水、电、煤,米、肉、菜几类商品的价格变动。这些经过曲折途径量化出来的指数,似乎并未像汽车里程表、油表那样一目了然,反而让人们更加莫名其妙。CPI的变动之小与人们日常感受物价变动之大形成强烈反差,如果每一个人都觉得他手中货币贬值的程度远远大于CPI所反映的程度,那这样的指数就离我们很远,身边具体某一商品单一样本价格的变动也许缺失权重意义,但总比失真了的指数更真实。

饥肠辘辘时,你是要一块真实的面包,还是要图画上丰盛的大餐?手指触及火苗时,你是先用加权平均的方法计算一下全身的温度,还是本能地缩回自己的手?

改革与发展

Reform and Development

改革与发展
Reform and Development

聚焦中国经济增长

赵振华*

经济增长是一个古老的话题，无论是西方经济学家还是中国经济学家，无论是古代经济学家还是当代经济学家，都围绕经济增长问题提出了睿智的思想或理论，可以说是一个常论常新的话题，也是一个永远都说不完的话题。时至今日，美国金融危机阴影还没有完全消退，欧债危机继续蔓延和加深，日本经济长期停滞，整个世界经济依然处于周期的低谷，没有迹象表明世界经济全面复苏。而中国经济可谓一枝独秀，经济增长率依然全球最高，对世界经济的贡献依然最大。在全面开放的今天，经济全球化趋势越来越明显，国内经济国际化，国际经济国内化，如何保持中国经济平稳较快增长就成为摆在我们面前的主要任务。

---

* 作者系中央党校经济学部主任、教授。

一、中国为何要适度调低经济增长率

经济增长率是判断一个国家或地区宏观经济运行情况的晴雨表。虽然经济增长率比较高可以反映一个国家或地区宏观经济运行比较好，反之就认为经济疲软。但是各个国家没有一个固定的数据，到底经济增长率多少为好，多少为疲软。美国经济增长率能够达到3%那就相当了不起，如果中国经济增长率为3%那就是绝对的不景气。从我国经济增长率来看，连续10多年《政府工作报告》都提出当年预期经济增长率为8%，而今年与往年相比降低了0.5个百分点，提出预期经济增长率为7.5%，之所以如此：一是与"十二五"规划逐步接轨。"十二五"规划提出未来五年我国经济增长率预期为7%，如果每年的预期经济增长率都是8%，显然与规划不接轨，因此，需要逐步调低每年的预期经济增长率，未来若干年还需要进一步调低，最好调低为7%；二是反映中央政府更关注经济增长的质量，而不是经济增长速度，即使争取到有质量的7%的经济增长率也是不容易的；三是今年的经济形势确实非常严峻，自去年以来，经济增长一直处于下滑态势，外需不景气，内需缺乏新的增长点，这就决定了今年的经济增长率与去年相比要低；四是随着中国经济总量的不断增大，增长率自然要降低一些，这是经济发展的规律。在经济总量小的时候，每隔5—6年翻一番是可以实现的，从1979年到2009年中国的年均增长率达到9.9%，已经成为世界奇迹。2011年中国的经济总量已经达到47.2万亿元，成为世界第二大经济体，未来30年，中国的经济增长率要像前30年一样继续保持接近10%的增长率是不可能的。就像一个孩子，小的时候很容易翻一个跟头，随着年龄增长，就越来越不容易了。未来30年，不要说10%的增长率，就是保持年均7%甚至6%，依然会是一个世界奇迹。

那么，2012年的实际经济增长率是否就真的是7.5%呢？我看不至于，因为：一方面，地方追求经济增长的动力依然十分强劲，全国一多半的省、自治区、直辖市都把五年翻一番作为目标。近年我国的经济增长率呈现出越往基层越高的现象，如果中央提出预期经济增长率为8%，一般而言省级政府最少把目标定在9%，地市级政府最少把经济增长的目标定在10%，到了县级政府为11%，乡镇级政府就是12%。而且从实际统计的经济增长率来看，各个省自治区直辖市的实际经济增长率远远高于国家统计局公布的全国平均经济增长率。就以2010年的情况来看，全国当年经济增长率为10.3%，从各个省自治区直辖市的经济增长率来看，只有北京和上海的经济增长率分别为10.2%和9.9%，略微低于全国公布的经济增长率，其余省份全部高于全国平均水平，其中天津达到17.4%，超过全国平均水平7.1个百分点。对此现象如何看待？一是反映出全国从上到下牢牢扭住了以经济建设为中心不动摇，到全国各个地区走一遭，不难发现都在你追我赶，不少地区提出"五加二，白加黑"，虽然不值得提倡，但反映各个地方干部的精神状态，不少老外都对中国干部的这种拼命精神所折服；二是反映出中央政府具有强大的号召力，一级比一级预期目标高总比一级比一级预期目标低要好；三是反映出各个地方的经济增长率中确实有些水分，到了国家层面就需要平衡，挤水分。另一方面，中央已经根据经济形势的变化采取了相机抉择的宏观调控措施，比如从去年第四季度开始，已经连续三次下调商业银行的存款准备金率，针对中小企业融资难等问题也采取了不少颇具力度的措施。这些政策，自然会起到刺激经济增长的作用。因此，今年的经济增长率从目前来看要比去年低一些，但不至于降低到7.5%。那么第一季度8.1%的经济增长率是否已经探底，也未必，因为第一季度的经济增长率在很大程度上是去年经济政策作用的结果，新的调控政策对第一季度经济增长的影响比较小，因为，任何一项经济政策都具有时滞效应，也就是说并不是今天出台政策，明天就能够发挥作用，而是有一

个时间差,这个时间差在经济学上叫做"时滞效应",一般而言,一项政策从出台到充分发挥作用最少需要 3~6 个月时间。

其实,适度调低中国的经济增长率是有好处的。一是可以给连续高速增长的中国经济以休养生息的机会,连续的超高速增长,资源难以为继、能源难以为继、环境难以为继,与其以更高的代价换取高速经济增长,不如以更小的代价换取适度经济增长;二是可以缓和与美国这个世界大佬的关系。美国依然是世界超级大国,2009 年 GDP 总量为 14.2 万亿美元,如果按照前 30 年的平均不足 3% 发展速度,再过 20 年,美国的经济总量也就是 20 万亿美元。2009 年中国的经济总量为 4.99 万亿美元,未来 20 年就按 7% 的年均增长率,几乎 10 年翻一番,也能够达到 20 万亿美元,也就是说再过 20 年时间,中国的经济总量就会超过美国,如果人民币汇率继续升值,用不了 20 年时间就会超过美国,无疑会给美国造成极大的心理压力。无怪乎奥巴马总统在国情咨文中提出,美国不当世界第二。一方面中国经济高速增长,拿出了要超过美国的势头,另一方面美国又想继续稳坐世界第一的宝座,必然要对中国采取各种措施,以打压中国,中美摩擦自然就会升级,中国在中美实力的较量中自然要受到损失。与其如此,不如适度调低经济增长率,以缓和中美关系,美国继续当世界老大,我们则健身强体,苦练内功,提高经济增长质量,改善环境,实现可持续发展。当然,适度调低经济增长率绝对不是害怕美国的意思。况且,衡量一个国家的经济实力,不能只看 GDP 总量一个指标,还要看科技创新、经济增长质量、人均 GDP、单位 GDP 的消耗情况,等等,如果仅仅在一个指标上一争高下,显然没有太大必要。从国际关系来看,中国需要的是静悄悄地发展,万万不可咄咄逼人,否则,只能招致更多麻烦。

二、中国还要不要保持较快经济增长

中国经济无法继续实现高速增长,那么是不是意味着中国经济就需要低速或零增长呢？答案同样是否定的。中国经济还必须保持较快增长，所谓较快增长既不是10%以上的高速增长，也不是5%以下的低速增长，对于未来中国而言，适度的经济增长率大约6%~9%的区间，这是由以下几个因素决定的。

第一，我国社会主义初级阶段的国情所决定。社会主义初级阶段的一个重要方面就是生产力水平低。社会主义社会的主要矛盾依然是落后的生产力与广大人民群众日益增长的物质文化需要之间的矛盾。说白了，虽然中国的经济总量很大并位居世界第二，但人均GDP依然很低，位居世界第八十九位，进一步说就是我国的老百姓还很穷。虽然改革开放之后，一部分人一部分地区率先走上了富裕的道路，不少人成为千万乃至亿万富翁，但更要看到目前还有很多穷人。按照国家统计局公布的数据，到2011年底，人均年纯收入不足2300元的农村贫困人口还有1.28亿，加上城市的贫困人口，数量会更多，超过了整个日本的人口总量。虽然贫困线已经大大提高，但依然很低。2300元的年收入，每个月平均下来不足200元，每天收入不足7元钱，这样的生活是什么样子可想而知。我到一些贫困地区贫困家庭调研，看到在一些极度贫困家庭，所有的家当可能不值200元，如果不是亲眼看到，是绝对不会相信的。由此决定了我国在未来相当长的一段时间内必须保持较快的经济增长速度，通过较快增长和更大财力让更多的贫困人口尽快脱贫，更好地满足广大人民群众的物质和文化需要。

第二，社会主义制度优越性所决定。列宁曾经讲过，社会主义制度的优越性归根结底体现在有比资本主义社会更高的劳动生产力。邓小平早在南方谈话中也讲："现在，周边一些国家和地区经济发展比我们快，如果我国不发展或发展太慢，老百姓一比较就有问题了"，并提出要使我国的国民经济力争隔几年上一个新台阶。社会主义制度比资本主义制度优越，就在于生产关系更适合生产力发展，既然如此，我国作为世界上最大的社会主义国家，经济增长率应该比资本主义国家快，不仅要比发达的资本主义国家快，更应该比不发达的资本主义国家快，尤其是应该比前苏东等和平演变为资本主义的国家快。近些年，印度、巴西、南非、俄罗斯、哈萨克斯坦等发展中国家经济增长率也比较快，有时候也能够达到6%～7%，因此中国的经济增长率也不能太慢，否则就落后于其他资本主义国家，社会主义制度的优越性就丧失了，而且印度在经济增长方面一直与中国暗中较劲，甚至提出要超过中国，自然对中国形成了巨大压力。

第三，中国庞大的就业压力决定了中国的经济增长率不能太低。今后一个时期，"90后"逐步进入就业年龄，当时每年新增人口2000万左右，意味着今天要每年新增劳动力2000万左右，这是一个巨大压力。就业问题自然可以通过多种途径来解决，最为根本的就是通过促进经济增长来增加就业岗位。在我国经济增长率每提高1个百分点，大约能够增加130万～150万个就业岗位。如果经济增长率大幅度降低，中国的就业问题就难以解决。就业不是一个孤立的问题，直接涉及民生，关系到社会稳定，因为失业了就没有收入，失业者不会每天在家睡大觉，无事有可能生非，最终影响社会稳定。因此，中国的经济增长与生活稳定有着直接关系。

三、中国经济会不会硬着陆

所谓软着陆或硬着陆是引用飞行学的一个形象说法。飞机在空中的飞行速度很快，每小时达到数百公里甚至上千公里。如果在降落时逐步降低速度，然后很平稳地停到停机坪上，这就是软着陆；如果飞机的速度还比较快，突然降低速度或短时间内急剧地降低速度，陡然地停到停机坪上，就是硬着陆。运用到经济学上，如果国民经济从过高的增长速度或过热的增长趋势逐步降低，这就是所谓的软着陆；如果国民经济从过高的增长速度或过热状态急剧地跌落，突然停滞，显然就是硬着陆。究竟经济增长率降低多少是硬着陆，多少是软着陆，各个国家情况不一样，没有一个固定标准。从我国情况来看，可以用两个指标来衡量：一是短期内下降速度，一般而言，经济增长率在一年时间内下降了1/3以上；二是下降后的速度，一般而言下降后的速度在7%以下。如果用这两个指标来衡量，改革开放之后，有4个年份符合第一个条件，第一个时期是1978年我国的经济增长率为11.7%，1979年突然下降到7.6%；第二个时期是1985年我国的经济增长率为13.5%，1986年突然下降到8.8%；第三个时期是1988年我国的经济增长率为11.3%，1989年突然下降到4.1%；第四个时期是2007年我国的经济增长率为14.2%，2008年突然下降到9.6%。上述4个年份的经济增长率都在一年时间内下降了1/3。但是从下降后的速度来看，有3个年份在7%以上，如果能够保持7%以上的经济增长率显然不能看做是硬着陆，只有1989年中国的经济增长率为4.1%，1990年继续下滑为3.8%。因此，只有1988年到1989年的经济下滑符合上述两个条件，可以被视为硬着陆，其他年份的经济下滑都属于正常的经济波动。按照经济周期规律，国民经济总是不断波动的，有高有低或者有低有高都属于正常现象，我们不能期望国民经济增长永远是一条直线。

那么，今年的国民经济会不会硬着陆，答案显然是否定的，我国的国民经济在一年的时间内不会下滑1/3以上，2011年我国的经济增长率为9.2%，如果下滑1/3就是今年的经济增长率为6.1%。因为，我国的投资需求依然强劲，消费需求依然在比较快地增长，出口需求虽然下降，但保持10%左右的增长率是没有问题的。其实，中央政府显然不希望硬着陆，因为经济大幅度下滑就会增加失业，社会不稳定，必然会及时释放出宽松的信号，刺激经济增长，实际上从去年第四季度以来，中国政府已经出台了一些政策包括降低存款准备金率、促进小微企业发展的一些措施、财政补贴节能环保产品等；地方政府发展经济的心情更为迫切，因为只有经济发展了，才能有更多的财政收入，日子才能好过；外国也不希望硬着陆，因为中国是一个巨大市场，对世界经济增长的贡献越来越大，去年中国从其他国家进口了1.7万多亿美元的商品，中国经济疲软了对哪一个国家都没有好处。

四、如何实现无新的经济增长点时代的经济增长

经济增长点说白了就是经济增长的动力源，从供给角度而言，就是对整个国民经济能够起到带动作用的新产业或产品；从需求的角度而言就是消费者新的买点。纵观改革开放30多年来中国经济增长的历史，不难发现，在不同时期都有新的经济增长点。上个世纪80年代初期城乡居民对农产品的巨大需求得以集中释放，在短时期内基本解决了温饱问题，农业发展成为推动经济增长的巨大动力，农产品的供给连续跨上新的台阶。80年代中期到90年代中后期，家用电器进入大众化时代，彩电、冰箱、洗衣机、微波炉、空调机以及移动电话等迅速得到普及，成为中国经济增长的新动力。90年代后期至2010年，汽车和房地产成为拉动经济增长的新动力，10多年时间，年年都在井喷式增长，中国的汽车产量从1990年的不足51万辆增长到2010年的1827万辆，现在每10天的产量相当于1990年一年的产量，2009年中国的汽车产销量超过了美国成为世界第一。2010年中国房屋建筑施工面积达到70多亿平方米，如果在地球上平铺下来就是7000平方公里，相当于6.5个香港面积。当然，新的增长点并不意味着其他产业不重要，而是更加突出，对国民经济的贡献更大罢了。

那么未来拉动中国经济增长的主要动力是什么？汽车行业已经从井喷式增长进入低速增长阶段，2011年中国的汽车产销量只增加了2%多一点，房地产行业在宏观调控下也开始进入低速增长时期。而

且无论是汽车还是房地产，都不是一个孤立的行业，汽车业涉及钢材、玻璃、橡胶轮胎、油漆、音响以及汽车内饰材料等，房地产业更是涉及钢材、水泥、玻璃、涂料、石材等。这两个行业作为新的经济增长点的隐退，带去的是一大片产业的相对低速增长。

要形成新的经济增长点，需要什么条件？从供给的角度来看，就是产业升级。从一般的产业演进规律来看，必然是从第一产业占绝对比重向第三产业占绝对比重演变。但是要形成新的经济增长点，显然需要新的产品，而且能够在短时间内迅速形成巨大市场，变成城乡居民的现实消费品，而新产品的形成需要新的技术和设计理念。未来一定会有新的为广大城乡居民所需要的新产品，然而从目前全世界技术进步状况来看，很难在短时间内发明新的技术从而制造新的产品让消费者接受，就如90年代之后移动电话迅速普及一样。技术发明也是有周期的，目前乃至未来相当长一段时间内就处于新技术间隔期。从需求的角度来看，就是消费升级，就是让老百姓有钱买、有愿望买新的产品。而消费升级不是无条件的，既需要收入升级，也需要消费欲望升级。我国城乡居民收入在未来相当长的一段时间内还会稳步增加，然而不可能在短时间内大幅度增加。况且即使收入不断增加，并不意味着有钱一定会买新的产品，因为该买的都已经买了，一辆新车总要使用若干年才会淘汰，不像其他一些一次性用品，用完就丢需要及时更新。为什么从2011年开始中国汽车进入低速增长期，就是因为有钱人在短短的几年时间内都买了车，短时间内又不会淘汰，以后还会有人买车，这是毫无疑问的，但不会井喷式增长了。未来中国老百姓消费什么？有人说私人游艇、私人飞机甚至太空旅游，固然会有更多人购买私人游艇、私人飞机甚至太空旅游，但是会形成新的增长点吗？恐怕不会。家用电器是家家需要，手机人人需要，汽车是必备的交通工具，私人游艇、私人飞机和太空旅游会吗？只能是少数人的需要，不会形成巨大的社会需求。房地产短期内依然是供不应求，但从中长期来看，不用太长的时间，至多30年就会出现严重过剩，因为城市化已经完成，上两辈留下的房产供下一代使用，特别是独生子女政策的继续实施，上两辈可能留下4套房子，足以满足孙子辈使用。到那时，房地产就会进入零增长甚或负增长，不会像现在走在大街上一眼望去可以见到许多的脚手架。可见，中国已经进入没有新的增长点时代了。

那么，进一步需要思考的就是无新增长点时代如何实现国民经济快速增长？其实，没有新的增长点并不意味着没有增长点，只不过把以前依靠少数产业拉动转变为更多产业同时拉动，犹如动车组，由以前普通火车一个动力拉动转变为一组动力共同拉动。问题是如何实现动力组共同拉动。根本出路在于转变经济发展方式。

第一，要把以量的扩张为主转变为质的提高为主，过去30多年中国走的是一条量的急剧扩张的经济增长道路，数不清的工农业产品产量位居世界第一，无论走到哪里，都能够看到"中国制造"，特别是到欧美发达国家商场逛一下，想买个非中国制造都成为难事。量的扩张奠定了中国作为世界大国的地位，GDP总量已经超过日本位居世界第二，对于这种发展模式应该看到有它的合理性，不能不分青红皂白一概否定，没有一定的量就没有质的全面提高。况且中国很多产品的质量是过硬的，那么多国外品牌在中国委托加工生产，充分说明了这个问题。未来中国经济增长当然需要以量为基础，但是要把主要注意力放在质的提高上，这里的"质"不仅仅指产品质量，还指产品的品牌和附加值。在目前的世界市场上，同样是优质产品，为什么很多中国产品的价格上不去，成为优质价廉的商品，根本原因就是没有自己的品牌，品牌就是价值，有了品牌就有了附加值。因此，需要创出自己的品牌，没有自己的品牌，就永远是别人的附庸，就永远是别人的奴隶。接下来的问题是如何创出自己的品牌？一方面要努力开发具有自主知识产权的新产品，人无我有。这就要求技术升级，加大研发比重；也要求创意，别人想不起来，我就能够做出来。另一方面，传统产品要由以前的借船出海转变为造船出海。特别是以国外市场为主导的企业需要加大海外营销力度，让老外接受中国品牌。你造的产品要符合外国人的消费特点、消费习惯，中国人不习惯甚至看不惯的，到外国恰恰有市场，这就是要入乡随俗，不能孤芳自赏。

  第二，把经济增长的动力以投资为主转变为以消费为主。过去30多年，中国的经济增长主要以投资为主，这是由中国特殊历史阶段特殊国情所决定，基础设施不完善、城市化水平低、工业化水平低、信息化水平低等等，各个领域都需要投资，投资率适当高一点都是正常现象，不能简单照搬世界其他国家的数据与中国对比，但长期依靠过高的投资率来维持经济增长是不可持续的，特别是高投资带来高通胀，一旦发生通胀，就需要治理，治理的手段就是紧缩投资，其结果是经济增长下滑，失业率提高，最终还是通过放松投资刺激经济增长，形成了恶性循环。那么，是不是以后就不要投资了呢？不是的，依然需要保持一定的投资强度，但是要适度，要适度降低投资率。那么投资率多少为适度，世界任何一个国家都没有一个固定的数据。从我国历史经验来看，投资率维持在36%～40%之间，基本上可以满足正常的投资需求，又不至于形成通货膨胀。如果投资率降低了，在出口不变的条件下，要继续维持不变的经济增长率，显然就需要扩大消费需求。中国的消费需求有巨大的潜力，因为中国人口多，每个人每天多消费1元，一年下来全国就接近5000亿元，这是一个了不得的数字。而且中国消费层次多元，一方面对高档奢侈品有巨大的市场需求，中国已经成为奢侈品消费大国。据报载，2011年一个春节小长假，中国人到国外购买的高档奢侈品就达到70多亿美元，甚至发生过中国团队到国外商场将所有高档品一扫而光的场面。另一方面对普通商品也有巨大需求。五星级酒店供不应求，路边小吃店也供不应求；数万元的高档西服有市场，几十元的普通夹克同样有市

场,以此类推,各种消费品均是如此,这就是目前中国消费之现状。如何扩大消费需求?这里就涉及到谁来消费、消费什么、消费多少、到哪里消费等一系列问题。一是针对谁来消费的问题,要根据不同收入群体,采取不同措施,让所有收入群体的消费者都能够扩大消费。提高低收入者的收入,让穷人有钱消费,中国还有上亿的贫困人口,这是消费潜力最大的一个群体。改善中等收入者的预期,让中等收入者敢于消费。包括完善社会保障制度,解除中等收入群体的后顾之忧;完善住房制度,均衡教育制度等等。要为高收入者提供良好的消费环境,让高收入者乐于消费;二是针对消费什么的问题,需要开发新产品和新服务,形成供给创造消费的局面。未来我国居民收入还将处于快速增长期,收入的增加会带动新的消费需求,有的不一定形成全国性新的经济增长点,但可以刺激消费,如果小的经济增长点多了,小溪可以汇成大江大河。一款苹果手机让那么多中国人如痴如醉,一部 3D 版《泰坦尼克号》再一次让那么多中国观众涌向电影院去感受 100 多年前海难中的爱情故事。可见,只要有新产品,符合老百姓的胃口,就不愁没有销路;三是针对消费多少的问题,可以说没有一个固定的量,只要有新产品,老百姓就会掏腰包,尤其是 80 后、90 后、00 后,一代比一代消费理念超前。五六十年代出生的人大多数属于节约的一代,习惯于一件衣服新三年、旧三年、缝缝补补又三年,起码一件衣服要穿到磨出了洞;七八十年代出生的人没有经历过什么饿肚子,但大多数家庭都还不怎么富裕,多多少少还有一点传统消费理念,需要什么衣服买什么衣服;90 后特别是 00 后的新世纪一代,一生下来就处于现代化快要实现的社会,更多的是追去新奇、刺激,他们这一代大多数是什么新奇就买什么,绝大多数衣服被淘汰都是因为不时髦了;四是针对去哪里消费的问题,可以说中国已经走出传统的消费地域,全世界都是中国人的消费之地。我家住在农村,方圆 10 公里之内老百姓的生活水平位居全国中等水平,以前婚丧嫁娶、接待客人基本全部在家里请客吃饭，多放一点肉就是很好的饭菜，而现在大多数都把客人请到饭店吃饭了；以前很少听说农民外出旅游，现在有不少赚了钱的农民也到外地旅游了，甚至还有的到了"新马泰"。可以说，中国的人均GDP已经突破了5000美元，到了旅游消费日益占主导地位的阶段了。一遇到节假日，很多旅游景点爆满就说明了这一点。

值得进一步提及的是对中国而言需要进一步优化消费环境，让老百姓放心消费。近几年暴露出越来越多的诸多消费领域令人担忧的产品包括服务不合格，侵害消费者利益的问题。突出的有"苏丹红"事件、"三鹿奶粉"事件、"注水肉"事件、"瘦肉精"事件、假药事件、毒胶囊、毒韭菜、毒大米以及游客被宰等等诸多事件，可以说一件接一件，相关部门应接不暇，处理力度虽然越来越大，但没有从根本上解决问题。治病的药都有假的，老百姓吃什么都不放心，买什么都不放心。假广告满天飞，犹如"大跃进"时"放卫星"，越吹越大，子虚乌有的事到了有的商人嘴里就变成真的了，狗嘴里真的会吐出象牙，他们只顾自己赚黑心钱，不管他人死活，最终把中国的消费环境彻底糟蹋了。谁都说不清我们每天用了多少假货。为什么越来越多的中国人到外国购买商品，除了价格便宜之外，更重要的是买回来是真货，可以放心用。中国要让老百姓敢消费，还必须打击假冒伪劣商品以及各种侵害消费者权益的现象。

第三，把以政府投资为主转变为民间投资为主。2008年美国金融危机之后，中国政府迅速采取措施，扩大政府投资需求，扭转了中国经济迅速下滑的势头，实现率先复苏。作为短期刺激政策是可以的，因为政府投资决策快、起步快，在短期内能够起到比较好的效果。从长期来看，需要更多地发挥民间资本的作用，让民间资本成为投资主体。民间投资起码有两大好处：一是民间资本一定会追求经济效益，哪里有利润就往哪儿投，哪里利润率高就往哪儿投。而政府的

不少投资既无经济效益也无社会效益。当然，这里不是要全盘否定政府投资，而是要把政府投资控制在最为必要的提供公共产品的限度内；二是民间投资政府不用担心还债的问题。政府投资需要发行国债，国债就是政府借老百姓的钱，借钱总是要还的。适度负债对于刺激经济增长，增加就业等对老百姓是有好处的，但是长期借债过多必然对未来政府产生巨大的还债压力。下届政府不能不买上届政府的账，如果这样，政府就失去了信用，老百姓也好，购买国债的其他机构也罢，是不管政府是否换届的，认的就是政府。美国政府巨额债务也不是奥巴马一届政府借的而是历届政府累积的债务。我国政府负债总体上处于可控范围内，但规模也是越积越多。到2010年底，中国国债余额已经达到67527亿元，相当于每个国人背负国家债务5000多元。其实除了国债以外，一些地方政府也借了不少债务，在中国除了中央政府批准外，地方政府是不能负债的，然而，从实际情况看，地方包括高校究竟有多少债务谁也说不清楚。因此，今后一方面需要中央政府继续缩小债务规模，另一方面要缩小地方债务规模，化解地方债务风险。而民间投资属于民间资金，经营好了，可以为政府提供税收，经营不善不需要政府承担经济责任，至多道义上安慰一下而已。

那么，民间投资有无可能性？答案是肯定的，一是因为凡是资本都想赚更多的资本，从没有见过资本放在家里任其贬值的，这是由资本的逐利性所决定的。最近几年不断发生的民间资本炒房团、炒蒜团、炒绿豆团等等之类的事件，表明我国民间资本不断在寻找逐利的机会；二是目前我国有巨大的民间资本。到2011年底，我国居民在银行的储蓄存款余额已经超过35万亿元人民币，如果加上股票、债券以及居民手中的现金量是十分巨大的。当然不可能把所有的居民储蓄存款都转化为资本，如果政策对头，让老百姓拿出1/10的存款进行投资，就是3.5万亿元，接近于2009年和2010年政府扩大投资需

改革与发展
Reform and Development

求的 4 万亿元；拿出 20％也不是没有可能，就会达到 7 万亿元；三是 35 万多亿元的居民储蓄存款对于银行而言也是巨大负担，因为存款对银行而言是有成本的。如何让民间资本去投资于实体经济而不是过度投机于虚拟资本或者"炒"这个"炒"那个，最为根本的是需要政府出台更为宽松的投资政策以及为民间资本投资提供良好的投资环境和融资平台。我国的企业生产经营成本越来越高，融资成本高，一般的中小企业能够按照 10％的利息率贷到款就算烧高香了，因此不少企业抱怨赚到的钱都被银行拿去了；劳动力成本高，每年都大幅度增加；土地成本高而且土地审批越来越难；能源和原材料价格不断上涨，工商业用水、用电价格不断提高；人民币汇率总体上继续走高，对出口企业而言无疑又增加了负担。经营实体经济越来越难，这就需要政府制定更加优惠的政策，让民间资本投资于实体经济。

第四，要由以物质消费为主转向以身体保健和精神消费为主。随着收入和生活水平的提高，人们的消费层次也不断提高。在收入水平低的时候，只能首先满足温饱，别无他择；随着收入水平的提高，人们的消费层次也渐次提高，生活水平开始由温饱向小康甚至大康过渡，生活品开始向发展和享受资料过渡，吃得更好一点，穿得更漂亮一点；随着收入水平的进一步提高，人们开始追求享受资料、追求个性消费、追求精神享受。目前我国已经有不少的富人和中高收入群体，开始更多地追求身体保健和精神消费。上个世纪 90 年代初期，有个卡拉 OK 都已经很满足了，而进入新世纪之后，各地都冒出了不少身体保健性的消费场所，名目繁多让人眼花缭乱，这就是新的消费时尚，而且价格不菲。同时娱乐方式也在不断更新换代，探险日益成为越来越多人的消费主流。

总之，没有新的消费增长点，更要求把原有的每一个增长点都做精，老百姓追求的是精致生活、精神生活，要消费更多的精品，国民经济也要由粗放式转变为精致式。

地方 GDP 之和与全国 GDP 之账何时轧平

王志平*

统计数据"打架"总是令百姓迷茫、令统计部门尴尬。要说打得最大的一"架",莫过于地方地区生产总值(简称"地方 GDP")之和与国家统计局公布的全国 GDP 之间的矛盾。自 1996 年起,这个架打了 15 年,形成了两本轧不平的账,且高潮不断。2011 年的统计表明,地方 GDP 之和与全国 GDP 之"架"越打越烈。这个架打得政府统计在公众面前公信力不振,人们在做经济决策时难以把握方向。轧平地方 GDP 之和与全国 GDP 之账的矛盾,高层要痛下决心。

一、地方 GDP 之和与全国 GDP:两本轧不平的账

我国自 1985 年开始实施 GDP 的核算和公布以来,地方 GDP 之和与国家统计局公布的全国 GDP 之间,一直存在差异,形成了两本

---

* 作者系中共上海市委党校经济学教研部主任、教授。

从未轧平过的账。起初,地方 GDP 之和还略小于全国 GDP。1985 年,地方 GDP 之和相当于全国 GDP 的 94%。此后几年,地方 GDP 之和逐渐趋近于全国 GDP。至 1995 年,地方 GDP 之和为全国 GDP 的 98.92%。

从理论上讲,地方 GDP 之和小于或等于全国 GDP,是正常的。由于现行统计技术方面的原因,地方 GDP 之和略大于全国 GDP,也是可以理解的。1996 年,地方 GDP 之和超出全国 GDP,为全国 GDP 的 100.63%。此后,地方 GDP 之和一路高歌猛进,把全国 GDP 甩得越来越远。2003 年,地方 GDP 之和超出全国 GDP 的 15.46%。① 2004 年,地方 GDP 竟然高出全国 GDP 的 19.3%。②

2004 年经济普查后,全国 GDP 猛然"长"出一大块。普查前,2003 年和 2004 年的全国 GDP 分别为 11.7390 万亿元和 13.6876 万亿元,而地方 GDP 之和分别为 13.5539 万亿元和 16.3240 万亿元。经 2004 年经济普查和修正后,2003 年和 2004 年的全国 GDP 分别改为 13.5823 万亿元和 15.9878 万亿元。③ 由于地方 GDP 未作同比例修正,因而修正后的历年全国 GDP 似乎缩小了与地方 GDP 之和的差距,GDP"打架"的账面情况大为"改观"。上述修正后的数据显示,2003 年的地方 GDP 之和相当于全国 GDP 的 99.79%,2004 年的地方 GDP 之和相当于全国 GDP 的 102.10%。这样的差异,应当讲是在可以接受的范围之内。但是,好日子并没有得到维持。2005 年,地方 GDP 之和为 19.7789 万亿元,而全国 GDP 只有 18.3085 万

---

① 王志平:《我国中央公布 GDP 与地方统计之和差异的实证分析》,《上海行政学院学报》2004 年第 2 期。
② 国家统计局:《中国统计年鉴 2005》,国家统计局网站。
③ 国家统计局:《中国统计年鉴 2006》,国家统计局网站。

亿元，地方 GDP 之和超出全国 GDP 的 8.03%。① 2006 年，地方 GDP 之和为 23.1053 万亿元，而全国 GDP 只有 21.0871 万亿元，地方 GDP 之和超出全国 GDP 的 9.57%。眼看着就要歇下来的地方与全国 GDP 之"架"，呈现愈加厉害的趋势。

根据中央和各地发布的 2010 年经济社会发展公报，2010 年 31 个省市自治区的地区生产总值合计为 43.274 万亿元，而全国 GDP 为 39.798 万亿元，地方生产总值之和超过全国 GDP 达 3.476 万亿元，超出 8.73%。国家统计局公布的 2010 年全国 GDP 的增幅为 10.3%，而 31 个地区中，除了上海和北京的生产总值增幅分别为 9.9% 和 10.2% 以外，竟然有 29 个地区的生产总值增幅超过全国平均增幅，31 个地区的增幅的平均值为 13.5%，超出全国平均增幅 3.2 个百分点。即使按照加权平均方法计算，31 个地区的增幅平均值为 13.1%，超出全国平均增幅 2.8 个百分点。这个"架"的确打得很不好看。

通常，全国 GDP 经初次公布后，会经历至少两次修正，修正后的数字一般高于初次公布的数字。根据 2011 年出版的《中国统计年鉴 2011》，2010 年地方 GDP 之和为 43.7042 万亿元，而修正后的全国 GDP 为 40.1202 万亿元，地方 GDP 之和超出全国 GDP 的 8.93%。②

2012 年 2 月前后，中央和 31 个省市自治区分别发布了 2011 年的 GDP（地区生产总值）及其增幅。国家统计局公布的 2011 年全国 GDP 为 47.16 万亿元，增幅为 9.2%；31 个地方公布的地方生产总值的合计为 51.83 万亿元，平均增幅为 12.53%。地方生产总值之和超出全国 GDP 达 4.67 万亿元，超出部分相当于全国 GDP 的 9.90%，超出程度与 2010 年相比，又有了"进步"。2011 年地方 GDP 平均增幅超出全国 GDP 增幅达 3.3 个百分点。即使按加权平均

---

① 国家统计局：《中国统计年鉴 2006》，国家统计局网站。
② 国家统计局：《中国统计年鉴 2011》，国家统计局网站。

计算，地方 GDP 的增幅平均为 11.79%，超出全国平均 2.6 个百分点。

2012 年 1 季度各地的生产总值和全国的 GDP 已经公布。国家统计局公布的 2012 年 1 季度我国 GDP 为 10.7995 万亿元，增幅为 8.1%；31 个地方公布的地方生产总值的合计为 11.2833 万亿元，地方平均增幅为 10.87%。地方生产总值之和超出全国 GDP 达 0.4838 万亿元，超出部分相当于全国 GDP 的 4.48%，而地方 GDP 平均增幅超出全国 GDP 增幅为 2.8 个百分点。即使按加权平均计算，地方 GDP 的增幅平均为 10.13%，超出全国 GDP 增幅 2.0 个百分点。

从 2012 年 1 季度各地 GDP 之和与全国 GDP 比较看，地方 GDP 之和与全国 GDP 两本账的差额似乎在缩小。然而分析各地 2012 年 1 季度的地方生产总值构成，却可以发现一些耐人寻味的特点。其一，31 个地区在 2012 年 1 季度的 GDP 同比增幅，除了甘肃、宁夏和河南 3 个地区外，有 28 个地区的增幅与 2011 年 1 季度相比是下降了。其二，31 个地区中有 29 个地区公布的"实际增幅"是小于"名义增幅"的，而上海和浙江公布的"实际增幅"大于"名义增幅"。其三，上海、重庆等地的 1 季度 GDP 增长分行业分析，显示了一些异乎寻常的对比。见表 1 和表 2。

2012 年 1 季度，上海市的地区生产总值的实际增幅是 7%，反而比名义增幅高 0.85 个百分点，是名义增幅的 114%。其中，发现第二产业的实际增幅比名义增幅高 0.46 个百分点，第三产业的实际增幅比名义增幅高 1.2 个百分点。再具体分析，2012 年 1 季度第三产业中的金融业，其增加值的绝对值仅比 2011 年 1 季度提高 2.52 亿元，名义增幅为 0.52%，而公布的实际增幅却高达 6.5%。是什么样的因素导致如此异常的差异，未见上海的统计部门给出说明。

表1 上海2012年1季度生产总值增幅分行业分析

指标名称	2012年1季度	2011年1季度	名义同期增长（％）	实际同期增长（％）
地区生产总值（亿元）	4593.85	4327.63	6.15	7
第一产业	18.83	16.57	13.64	−4
第二产业	1879.75	1808.42	3.94	4.4
工业	1712.78	1656.69	3.39	4
建筑业	166.97	151.73	10.04	9.7
第三产业	2695.27	2502.64	7.70	8.9
交运、仓储和邮政业	210.99	202.04	4.43	6.5
信息传输、软件和信息技术服务业	184.52	166.1	11.09	10.6
批发和零售业	816.42	704.48	15.89	12.7
住宿和餐饮业	61.09	55.43	10.21	5.9
金融业	491.65	489.13	0.52	6.5
房地产业	184.15	189.01	−2.57	−5.5

资料来源：上海市统计局网站，2012年5月24日查阅。

在上海和重庆的统计数据之间，可以发现有趣的对比。2012年1季度，重庆市的地区生产总值的实际增幅是14.4％，名义增幅则高达22.45％，实际增幅仅为名义增幅的64％。其中，特别有意思的是第三产业。2012年1季度重庆市的第三产业名义增幅高达29.4％，重庆市统计部门认定的第三产业的实际增幅是12.2％，仅相当于名义增幅的41.5％。2012年1季度，上海市的金融增加值实际增幅高于名义增幅，而重庆市的金融增加值实际增幅（21.5％）显著低于名义增幅（60.85％）。是什么样的因素导致如此异常的差异，未见重庆的统计部门给出说明。

表 2　重庆 2012 年 1 季度生产总值增幅分行业分析

指标名称	2012 年 1 季度	2011 年 1 季度	名义同期增长（％）	实际同期增长（％）
地区生产总值（亿元）	2523.87	2061.11	22.45	14.4
第一产业	104.51	84.82	23.21	3.9
第二产业	1498.92	1264.96	18.50	16.2
工业	1314.53	1114.87	17.91	16
建筑业	184.39	150.09	22.85	17.7
第三产业	920.44	711.33	29.40	12.2
交通运输、仓储和邮政业	85.75	74.31	15.39	9.1
批发和零售业	191.53	165.40	15.80	12.2
住宿和餐饮业	43.52	38.08	14.29	8.4
金融业	299.21	186.02	60.85	21.5
房地产业	65.28	45.66	42.97	4.1
其他服务业	235.15	201.86	16.49	7.4

资料来源：重庆市统计局网站，2012 年 5 月 24 日查阅。

二、发展观和统计体制是地方 GDP 与全国 GDP "打架"的根本原因

对地方与全国 GDP 的矛盾，公众的质疑由来已久。面对公众的质疑，统计部门习惯于首先用技术原因来解释。2011 年 9 月，国家统计局主办"第二届中国统计开放日"活动。当有人质询 2011 年上半年的地方 GDP 大大超出中央公布 GDP 一事时，国家统计局官员解释道：全国的 GDP 和地区汇总的 GDP 存在差距，比较重要的原因就是随着市场经济的发展，跨地区经营活动不断增加。一些企业，总部在北京，分支机构在外地，那么它的数据可能被重复计算。这样的解释，的确过于简单。我们相信，上述原因的确是比较重要的原因，但不是根本的、决定性的原因。

应当看到，自出现地方 GDP 超出全国 GDP 的问题以来，以国家

中国经济观察

统计局为代表的统计部门作了大量的努力。甚至，屡次引起了包括国务院领导在内的高层的重视。

2004年，时任国家统计局局长的李德水表示，要借鉴国外经验，实行GDP下算一级的办法。美国、德国、意大利等许多国家，各州、省都不进行本地区GDP的核算，而是由国家统计部门统一核算后分解到各地区；它们的实践证明这是切实可行、也是比较科学的。李德水表示，等2004年全国第一次经济普查完成之后，把全国二、三产业的家底都摸清楚了，就可以考虑实行这种办法。国家统计局计划2005年在公布全国数据的同时公布各省数据，各省自己公布的数据只能作为内部参考。

2005年1月李德水表示：国家统计局2005年将建立地区GDP核算联审制度，各省GDP核算后，数字要由国家统计局认可之后统一发布，以此作为法定数字，各省自己计算的无效。

2007年，新任国家统计局局长谢伏瞻表示：国家统计局将尽快统一核算各省份GDP，以结束长期存在两组不同数据的局面。

2008年，学者出身的马建堂就任国家统计局局长。马建堂上任后，讲了很多话，其中不乏承诺，也的确做了很多工作。但是容易看出，一方面国家统计局在做着持续的努力，另一方面国家统计局的权威也在不断经受挑战和考验。2009年10月，针对各地经济增长数据高企的局面，国家统计局要求对各地报告的当地生产总值（GDP）数据展开联合审查，压缩地方数据中可能存在的"水分"。当各地统计局核算处人员被召集起来，就地方前3季GDP数据展开联合审查时，实际上各地数字已提前外流。

造成地方和中央GDP持续"打架"的根本原因，在于发展观出现了偏差、统计体制改革未能到位。

尽管科学发展观提出至今已有多年，但是科学发展远未成为各地所有官员自觉的追求。一些地方依然将经济规模和增长速度放在首位，用经济规模和增长速度来显示和评价政绩。最近几年，中央一再强调，勿刻意追求经济的高速增长。现在，公开用经济规模和增长速度来"显摆"自己的地区和官员确实少了，但是地方政府发展经济、追求规模和速度的冲动依然十分严重和普遍。鉴于目前能源建设和使用都是严格控制的，各地高企的增长速度，就成了要求政策、要求投资和要求能源的根据。2011年上半年各地生产总值数据出台后，许多人看到了地方与中央GDP的"打架"，而国家能源部的官员遇到的却是各地"都拿着GDP跟我们要用电量"的麻烦。

目前我国经济和社会统计采用的并非完全的垂直领导体制。对于各地统计部门，地方政府在相当程度上拥有远高于国家统计局的影响力。国家或地区的生产总值的核算，并非精确的所有经济活动增加值的叠加。世界所有国家和地区在核算GDP时，都离不开对经济活动的"估算"。在现行体制下，地方和中央是分两条线分别核算GDP的，中央GDP不是地方上报生产总值的简单叠加，而地方核算生产总值并不受到中央统计部门的严格约束。因此，地方统计部门在对某些经济活动进行"估算"时，往往会偏向于地方政府的态度。

国家统计局官员"跨地区经营"和"重复计算"来解释地方与中央GDP之间的矛盾，用意可能是良好的，实际效果则很可能为地方继续自由"估算"本地的生产总值提供"权威"的"根据"。其实，"跨地区经营"是市场经济国家的普遍现象，为何人家能做到"上下轧平"呢？我们随机检索了美国、英国、土耳其、奥地利、泰国等国的GDP统计，发现其中央政府公布的GDP与地方GDP之和是一致的。泰国公布的全国、省和省辖地区共三级的生产总值上下是完全吻合的。我们也发现韩国、印度尼西亚等国的地方GDP与中央GDP不一致，但它们的地方GDP之和略小于中央GDP。马来西亚的地区生产总值之和高于全国GDP，但每年高出的幅度在0.3%左右。显然，用技术原因来解释我国目前十分严重的地方与中央GDP的"打架"，

且这样的解释已经反复讲了10多年，是没有说服力的。

其实，GDP"打架"不光发生在中央和省市自治区层面，更多的发生在省、地、县之间。有打得比较温和的，如山东省2008、2009年17个省辖市的生产总值之和，超过省公布的地区生产总值各约2个百分点。也有打得比较热闹的，如内蒙古自治区12个下辖盟市2006、2007和2008年的生产总值之和，分别超出自治区生产总值的5.13%、8.82%和12.33%。

有理由相信，在地方层面，各级领导追求经济增长的冲动，以及追求政绩而干预经济统计，是比统计手段等技术因素更能影响GDP上下"打架"的原因。在目前的统计体制下，各级领导的确在实际上拥有对统计的影响力。我国2010年以前执行的《统计法》还明确规定：各地方、各部门、各单位的领导人"如果发现数据计算或者来源有错误，应当提出，由统计机构、统计人员和有关人员核实订正"。这样的法律条文，无疑在客观上给各级领导干扰统计提供了依据。2010年起实施的新的《统计法》不再含有上述内容，但一些地方和部门领导灵魂深处的东西，依然存在并时时作祟。

三、改革统计体制高层要痛下决心

如果国家统计局历年对全国GDP的统计是准确的，则一个顺理成章的结论是——历年地方生产总值的统计中存在水分。要真正让人们看到中国统计像2011年9月"中国统计开放日"宣称的——"走向规范统一"，挤去地方生产总值中的水分是不二选择。湖北省2001年推出"挤水行动"，一次挤掉了地州市的不实GDP有800多亿元，几乎相当于当年省公布GDP的1/4。查2010年湖北省和省辖地州市的经济社会发展公报，发现17个地州市的生产总值之和还略低于省公布的生产总值。可见，湖北省的"挤水行动"是有成效和持久力的。从另一角度看，湖北省也给我们展示了如何解决上下GDP"打架"问题的一个样板。

但是,要将过去15年积累的地方和中央GDP"打架"的账"轧平",必然涉及对地方政绩的重新评估。一个难题在于,是按比例将各个地方的往年生产总值平均地拦头一刀,还是真的做到实事求是,对多报的多斩,对少报的补偿?毫无疑问,这样的活绝对不是国家统计局抗得下的。2006年国家统计局领导曾表示,两年后,到2008年,GDP统计工作将不再沿用两级核算制度,而实行由中央统一核算。几个两年过去了,由中央统计核算GDP的制度依然不见踪影。GDP统计改革涉及的方方面面之错综复杂,可见一斑。

说到底,统计已经不再单纯是让人们如何正确认识这个世界实际的工具,而一定程度上成为部分官员影响人们如何看一个地方、一个部门乃至他们个人政绩的工具。一些地方在GDP统计上的挥甩长袖,说穿了不仅因为地方拥有长袖和挥甩的自由,还因为这样的舞蹈能赢得欣赏和票房。2004年,在全国人大等方面推动下,掀起了一场自上而下的"统计肃查风暴"。全国人大常委会组成了统计执法调查组,赴内蒙古、辽宁、浙江和重庆进行检查,其中GDP数据真实性成为调查重点。2010年5月,由国家统计局、监察部、司法部联合部署的一场为期4个多月的统计执法大检查在全国范围内全面展开,GDP成为重点检查指标。从公开发布的信息看,我们尚未发现检查反映出的GDP统计问题。这到底是值得庆幸的结果,还是无可奈何的遗憾?

GDP的统计,对内涉及政府公信力和决策可靠性,对外涉及国家公信力,无论怎么讲都是一件大事。多年的实践已经证明,光凭国家统计局在那里呼喊,中国这场GDP掐架还会不断演绎下去。因此,高层要痛下决心改革统计体制,给饱受批评的中国统计,插上一根坚实的支柱。

从扩大房产税改革试点看制度挑战

贾 康[*]

制度挑战是我们完成中国经济社会转轨、最终实现伟大民族复兴的现代化过程中不可回避的实质性问题和非常重大的考验，那么房产税的改革试点，当然是制度创新过程中的一个组成部分，体现了应对挑战的努力。谈论房产税试点，我们需要从房地产调控新政说起。

一、房地产调控新政应体现高水准

党中央、国务院在提出房地产调控——后来被人们称为"房产调控新政"的这个概念上，一开始的目标表述是"遏制部分城市房价的过快上涨"。比较新的表述，是2012年"两会"上温家宝总理特别强调的"促使房价合理回归"，在表现形式上，都是围绕着方方面面特别是商品房的房价问题。但是，如果要全面地认识这个调控问题，还

---

[*] 作者系财政部财政科学研究所所长，研究员、博士研究生导师。

要进一步把握房价后面与它相关的一系列和运行与制度安排不可分割的影响因素。现在如果仅从房价的调控来看，已经看到了一系列的措施，特别是包括有广泛争议的、行政色彩浓重的限购，也包括限价——有些城市管理部门标榜"要逐套地核准商品房价格"这样的严厉措施，行政手段在有些地方已经表现为"一拥而上"的调控态势。2011年人大常委会上，住建部的领导在回应人大财经委副主任吴晓灵所提出的问题的时候，比较直率地说道，用这样的行政手段来调控是不得已的。那么，我的解读是，政府管理部门确实有"不得已"这样的一种苦衷，同时，这个"不得已"也表明了限购等行政手段只能是过渡性质的调控措施。那么我们就必须探讨：在过渡的东西不能放弃的同时，即这些"不得已"采取的措施使用的同时，我们还必须要抓住什么样的措施来支撑我们中长期健康发展、和谐发展。应该明确地提出，从长期看我们的调控新政还必须体现应对制度挑战、构建经济手段为主的调控新机制的高水准。如果没有这种高水准，无论这种调控再坚持多长时间，再怎么强调它的重要性，都是不足以得到较高评价和经受历史考验的。

二、房地产调控新政的制度框架导向：双规统筹

我们的房地产调控，已经有过若干轮，这一次已经持续了两年左右的调控新政，还需要努力地正视制度性建设问题，提升它的水准，即体现它应有的高水准。制度建设的问题，是大家应该进一步重视的、面对的房地产健康发展和它相关的全局问题在中长期时间里的真问题、难点问题、实质问题、关键问题。

其实在中国房地产调控新政中已经可以相对清晰地看到一个总体的制度框架导向，就是面对土地自然垄断和房地产业重大支撑作用与"住有所居"社保需求，实施"双轨统筹"。正确处理房地产配置问题，首先必须针对土地（这是房地产的前提条件）的自然垄断性质进

行制度设计。土地的自然垄断性质是任何经济体都无法避免的。中国并不是960万平方公里的国土平均下来，每人一份而成为资源占有的基础，我们面对的是中心区，从黄金地段开始，推及以后势必要发展的城乡结合部越来越多地成为建成区，这种自然垄断，无论你配上什么样的其他制度要素，它都是客观存在的。既然有自然垄断的问题，同时社会发展又存在"住有所居"的基本公共服务均等化需要如何满足的问题——最低收入阶层也必须"住有所居"，不能让他们流落街头，不能逼得他们造反，这也是一个明显的制约条件。再加上必须考虑房地产业（不论你怎么称呼，它和"建筑业"有重合、有区别，可合在一起理解），必然是国民经济长期发展不可缺少的一个支柱产业。

这样的几重因素综合在一起，大的制度框架上必须强调我们要实施一种合理的"双轨统筹"，这两个轨，一个叫做"保障轨"，一个叫做"市场轨"。政府的职责首先是要通盘管规划。任何一个地方政府辖区之内的全面的国土开发、功能区匹配的顶层规划，组合在一起要形成我们960万平方公里的通盘的国土开发规划和建设规划，即功能区概念下现在还在努力推进的、优化中的"顶层设计"。政府管规划的职责定位是责无旁贷、天经地义的，你不能指望市场主体、企业、社会团体通过"试错"去形成一个什么合理的优化的国土开发规划。必须由政府牵头组织社会各方的力量，包括专家、包括社会方面的种种民间智慧的加入，去形成有远见卓识的、经得起历史考验的这种全局规划，它既覆盖保障轨上的保障住房建设，也覆盖市场轨上的商品房建设。

进一步讲，在"保障轨"上政府必须管托底。从现在正在加快推进的棚户区改造，到廉租房、再到公租房的这种有效供给，就是托底，要托到低收入阶层和收入夹心层可以"住有所居"。另外，政府要管运行，廉租房、公租房的运行是需要比较高的管理成本的，政府必须牵头付出这种成本来保证它的供给可持续。

另外，在"市场轨"上，政府必须管规则。商品房、产权房的配置主要是市场经济环境里消费者主权行使过程中的公平竞争问题。对于自己有支付能力去挑选所中意的住房的人们，政府管规则才可能尊重消费者主权和顺应市场经济。所以阶段性、不得已地去管具体的一户一户的房价，或去限购，只具有过渡性质。管规则的后面，还要正面地处理一个不可回避的问题：必须管收税。不仅交易环节要收税，不动产、消费住房的高端部分，在保有环节（或称持有环节）上也必须有税收去匹配，也必须施加税收的调节。这样一来，我们就可以清楚看到，政府在"保障轨"上的难点，有如何筹资建保障房的问题，有如何降低管理成本的问题。另外，政府在"市场轨"上的难点就是：不可回避地要解决好如何触动既得利益在高端住房保有环节上征收房地产税这样一个制度建设问题。

三、制度合理安排，扩大房产税改革试点

我国现在面临这样一个历史性的考验，即我们的房地产调控新政运行至今，能不能够在"市场轨"上真正攻坚克难，合理地处理持有环节征税这个制度挑战问题，来实施有效的制度创新和可持续的合理调控。

1. 上海和重庆两地试点的制度创新效应

首先要肯定上海和重庆两地试点的制度创新意义，试点抓住制度安排、经济手段和法治建设环节，推动了以后必然要渐次展开的走向现代国家所需要的现代税制建设，同时也使我们的房地产调控新政上升到应有的制度建设高水准。现代国家所需要的现代税制，必然包括房地产税（或者现在试点中所称的房产税）这种直接税。这个制度安排将具有多种正面的效应，概括地说，一是它提供了房地产业健康运行相关的重要的制度安排因素，可以使之在以后长期发展的过程中比较沉稳，减少泡沫；二是它提供地方税体系的重要支柱财源，可以促

进我们国家省以下分税制得以实质性地贯彻，同时来化解现在各方所指责的基层财政困难和地方"土地财政"短期行为等等弊端；三是这样一个制度建设是优化中国收入分配和财产配置的重要的经济杠杆手段，它是依法、长期稳定、可预期地运行的一种经济手段；四是它提供了打造中国直接税体系的重要突破口，对于全面的税制配套改革有重要的影响作用。

2. 树立"共和"精神，实施配套改革

上面所谈到的一些正面效应当然值得我们追求和期待，同时，我们还必须正面讨论怎样在这个改革中有理、有利、有节地去触动既得利益，把必然引发的配套改革真正往前推进，取得应有的实施效果。我认为，在现代社会对于既得利益是不可以一概否定的。中国在走向市场经济之路以后，已经形成了各种各样的所谓社会阶层，也就意味着形成了各种既得利益集团，这个词语本身并不带贬义，任何现代社会都是分成各种利益集团的。这种既得利益的协调也不能简单地按照所谓少数服从多数来处理，如果在经济问题、财产权的问题上，以及在本来要通过市场竞争解决的问题上，你按照少数服从多数这种听起来冠冕堂皇的原则去处理问题，一定会一步一步地引出不可收拾的"多数人的暴政"，最后使所有人都进入与"共赢"相反的"共输"结局。在我们现在所追求的所谓合理地处理利益关系的导向上，我们必须强调的是"共和"的精神。中华人民共和国的"共和"二字，它表明的就是公共事务决策中要听取所有社会阶层的诉求，各个方面的利益诉求都应该在理性的博弈中得到一定的制约和引导，促进利益格局动态的优化和寻求结果上的"共赢"，也就是追求我们整个社会、全体社会成员的根本利益和长远利益的实现。那么，就要在充分表达各方诉求、通过试验逐步形成可行方案和立法之后，以相对合理稳定的制度框架，发挥其维护公众根本利益、长远利益的这种保障作用。这就是制度建设的根本意义。

改革与发展
Reform and Development

如果不诉诸于制度建设，仅仅寄希望于某些人的觉悟，寄希望于政策层面上的一些调整，不足以实现长治久安。改革开放最初，邓小平高瞻远瞩考虑现代化建设"三步走"战略的同时，就特别强调党和国家的制度建设问题。制度建设好了，那么，最根本的问题才能得到解决。如果没有一个在制度方面的创新和改革，他非常尖锐地说，好人也会最后落到做错事的状态。

如果我们有一个好的制度，它就应该能够从基本面上去推进"共和"精神下各个方面的和谐，追求根本利益和长远利益的实现。所以，在房产税改革试点这方面，中央和有关部门已经明确表态要扩大试点这样一个推进方向，是值得我们加以深刻认识的重要问题。一是要认真地总结试点经验。两地的试验并不像一开始某些声音所说的那样的无足轻重，那样不起作用，有很多值得肯定之处；二是要认真地倾听各方的诉求，引导理性的讨论。因为制度变革触动的是实实在在的利益进而牵动人的感情，难免有各种情绪化的说法，而各种利益诉求的取向是不一样的，应该进一步地倾听这些诉求，进而引导理性的博弈。笔者不赞成简单的情绪化发泄，不可能以跳出来骂人的方式解决问题——当然有一些情绪的表露是社会的正常现象，但社会不能靠情绪化的东西引导未来；三是政府管理部门要更为开明和充分地披露信息。为什么在物业税模拟评税试点这么多年之后，仍然把它作为一个各方面只字不提的绝密的信息源来做处理呢？一些具体数据可以作为保密事项处理，但是，是不是可以探索向社会公众披露必要的信息？这非常值得管理部门考虑。如果更为开明地披露信息，一些恐慌心情和畏难论据以及不少预期上的不确定性，就可以得到有效消除。四是要进一步地通过政府勾画改革大方向，给社会大众吃定心丸。比如说，应该明确地由政府方面给出这样的信息，就是房产税的改革在推进过程中仍然会按照两地试验的基本精神，只调节高端——总体上它是遵循一种"抽肥补瘦"的原则。在中国的国情之下，在可以预见的相当长的历史时期之内,不可以简单套搬其他发达经济体的所有消费住房都用一个房地产税来覆盖的模式。必须明确地让社会大众吃定心丸:制度调节是针对改革开放中先富起来的有豪宅、有多套房的这种高端人群,按照"抽肥补瘦"的原则做的合理调节,每个家庭可以认定的第一套住房,或者说家庭人均一定标准之下所谓第一单位的住房,是不征房地产税的。另外,很多人认为,我自己的第二套房是给自己买的商业性的社会保险,这也有一定的道理。中国在城市化的过程中间,其实按照未来收益来说,有稳定回报前景的就是好地段的不动产。那么,在先富起来的过程中、或者富裕程度提高的过程中人们买的第二套房,这种所谓商业性的社会保险,是不是应该在政策方面给予一定宽待,也完全可以探讨。比如说,对第二套房税负可以从轻。一定要强调两地试验这样的只对高端调节的特点。比如说,两地试点方案里面,重庆相对走得更靠前面一点——它已经涉及到存量房,明确地说当地辖区中几千套独立别墅(所谓花园洋房)是要被这个税覆盖的,但是划出了一个180平米的实际的起征点。如果你自己的独立别墅面积就是180平米,那么,你实际上还是仍然一分钱税也不用交,只对180平米以上的部分,由这个税来覆盖。这个基本精神是合理的,对以后试点的扩大是有重要借鉴意义的。

  总之,在现在必须坚定地推进房产税改革试点、扩大试点的过程中,需要把这些要领综合起来,引导社会的理性讨论,减少那种人人自危惶恐心理的不良影响,让大家看到这是一个必须共同来促进、来优化的不可回避的制度建设问题,以应对历史性的制度建设挑战。以后合理的局面就是:先富起来的人、住好房豪宅的人、有多套房的人,他们适当地对公共财政的收入多做一些贡献,这符合支付能力原则,不会对他们伤筋动骨。而公共财政收入中添加了这样一些财力后,在更好地优化整个税制的同时,可以更好地运用财力回过头来去扶助低端的社会成员,所谓"取之于民,用之于民"。必须加入这种

合理的收入再分配，从而使低端的社会成员共享改革开放的成果，提升他们的幸福感，使高端的社会成员安享他们先富起来的幸福感。这就是全社会的"共赢"，是一种我们应该寻求的"共和"精神导引之下的社会的长治久安，也是符合我们全体社会成员根本利益和共同利益的制度建设。

结构性减税和劳动力成本上升

赵 晓[*]

结构性减税和劳动力成本上升是当前经济方面的两个热点，在转变经济发展方式和调整经济结构过程中如何认识结构性减税和如何应对劳动力成本上升，智者见智，仁者见仁，笔者希望在这方面给大家能够提供一个参考。

一、如何认识结构性减税

2011年全国财政收入超过10.3万亿元，财政收入增长率24.8%，远远超过国家税务总局年初制定的增长8%的原定目标。按9%的经济增长速度计算，2011年政府财政收入增速将再次远超GDP增长，宏观税负进一步提升已是既成事实。从财税政策的视角，我们发现一个很有意思的事实：一方面，不管是我国学者还是政府，一直

---

[*] 作者系北京科技大学经济与管理学院教授。

大力主张要结构性减税,提高个人所得税费用扣除标准,提高个体户起征点等惠民税收减税政策;另一方面,一系列普遍性的增税政策也在悄然推出,如开征地方教育费附加、税务代征工会经费、税务代征残疾人保障金、车船税税额提高等等。所不同的是,减税时政府和媒体都大张旗鼓宣传,而增税时,却悄悄来临。这体现了我们的一种扭捏心态:为惠民生大力宣传减税,可反过来又悄悄推增税政策,以行增税之实。这种羞羞答答的做法和矛盾的心情说明我们还缺乏对结构性减税的清醒认识和执行决心。笔者以为,我们需要重新弄清楚三个问题:我国的税负到底高不高?结构性减税对我国经济持续增长有什么战略意义?结构性减税的基本方向是什么?

1. 我国的税负究竟高不高

中国税负究竟高不高?这已是近几年来大家争论最多的话题,尤其以《福布斯》杂志2009年和2011年两度将中国的税负痛苦指数排名全球第二而引发的热议最多。由于计算方法、所站的角度不同,大家的结论各不相同,但大致可以归为两类:一类以政府部门或政府部门下属研究机构的学者为主,认为中国实际税负并不高,还有较大的增税空间;另一类以民间学者或者广大网民为主,认为中国的税负过重,减税迫在眉睫。笔者以为,税负痛苦是一种主观感受,并不可严格计算,要以百姓的亲身感受为依据。而判断中国税负是否过高,应该从以下五个方面加以综合考量:

第一,计算口径问题。这是大家争论最多的问题。计算宏观税负有大中小三种口径:小口径的宏观税负是指税收收入占GDP的比重;中口径的宏观税负是指财政收入占GDP的比重,财政收入包括税收收入和其他预算内的财政收入;大口径的宏观税负是指政府全部收入占GDP的比重,这里的收入包括预算内财政收入,还包括各种预算外收入,如社会保障基金收入、土地出让金收入、各种政府性收费、罚款,以及其他各级政府以各种名义向企业和个人收取的制度外收入。以此粗略计算，2009年，我国小口径宏观税负为17.3%，中口径宏观税负为20.1%，2010年，我国小口径宏观税负为18.2%，中口径宏观税负为20.7%。而据中国社科院学者张斌计算，2009年我国大口径宏观税负为31.4%，中国社科院财政与贸易经济研究所发布的《中国财政政策报告2009/2010》显示，2009年按全口径计算的中国政府财政收入占GDP的比重已经达到了32.2%，而且他们的计算还没有考虑制度外各种隐形收入。经济学者马光远认为，如果考虑制度外收入，2010年我国大口径宏观税负保守估计也要超过35%。由此可见，大口径与小口径的宏观税负计算结果会差距很大。欧美等国家财政预算比较规范，财政收入主要来源于税收，而税外收费占比很小，而我国政府税外收入占比很大，如果要跟欧美国家进行比较，采用大口径的宏观税负才是比较客观的选择。

第二，比照国家的选择问题。在将我国的税负水平与其他国家进行比较时，必须谨慎选择比照国家，因为一个国家可承受的税负水平与一个国家的国情和经济发展水平密切相关。依据税收的累进特点，越富有的地区，经济的可征税能力或税负可承受能力就越强。2007年，美、日、德、法宏观税负分别为27.9%、28.3%、36.0%、43.5%。OECD美洲国家平均宏观税负为27%左右，而OECD欧洲国家平均宏观税负为37%左右，发展中国家平均宏观税负为25%左右。从分类国家的平均值比较来看，我国的宏观税负水平并不高，但从单个国家的比较来看，中国的宏观税负水平高于印度、越南，与墨西哥、土耳其等发展中国家持平，与美国、日本、韩国等发达国家的税负水平越来越接近。

第三，民众享受的福利水平问题。从契约视角看，征税就是公民与国家之间的一种契约，公民以缴税作为享受国家公共福利的费用，与一般契约唯一不同的是，征税带有强制性。因此，缴多少税合适，一定要看公民缴税后能享受到多少公共福利。欧美国家，特别是挪威、德国等欧洲国家都是高福利国家，宏观水平确实比中国高，但是公民享受到的福利更比我国高得多。医疗和教育基本免费，小孩抚养有补贴，甚至流浪汉也有养老金。在这些国家中，社会保障和社会福利支出是财政总支出中的最大项目，一般都在30%以上，美国为45%，德国更是高达71.49%，而我国这一比例还不到30%。住房、医疗、教育、养老开支已经成了我国老百姓的沉重负担，也是老百姓不敢消费的最主要原因，是提振内需的"拦路虎"。老百姓既要承担过高税负，又要自己攒钱买房养老，更要准备大额资金用于医疗和下一代子女教育，我国税负痛苦指数不低就完全能理解了！

第四，最优税负问题。依据美国著名供给学派经济学家阿瑟·拉弗提出的"拉弗曲线"分析，理论上存在促进经济增长的最优宏观税负。1987年世界银行测算了一些国家的最佳宏观税负水平，低收入国家的最佳宏观税负水平为13%左右；中下等收入国家为20%左右；中上等收入国家为23%左右；高收入国家为30%左右。中国社科院马拴友等人测算中国的最佳小口径税负应该为20%左右。笔者课题组测算促进中国服务业发展的最佳小口径税负为20%左右，促进中国服务业私人投资的最佳税负为19%左右。2011年我国小口径宏观税负预计将超过20%，中口径宏观税负将超过23%，大口径税负就算以35%计算，那么，即使按照中上收入国家的标准衡量，我国的宏观税负水平也确实已经接近或超过最佳税负水平。如果进一步考虑中国不同省市地区的税负水平的巨大差异，那么北京、上海、广东、江苏等经济发达地区（小口径宏观税负都超过30%）的宏观税负水平确实已经过高。

第五，税负提升速度问题。供给学派认为，税负对经济增长的影响不仅要看整体税负水平，还要看边际税负水平，即税负的提升速度。笔者课题组的实证研究也表明，税收负担、税收结构和边际税负水平的组合才是影响经济增长的关键。也就是说，即使迫于不断增长的财政支出的压力,适当降低税负的提升速度也是不错的选择。据东北财经大学马国强计算结果,从1996年到2007年,低收入国家中口径宏观税负平均值由11.08%提升到12.75%,提高了0.91%,中低收入国家平均值提高了6.42%,中高收入国家平均值提高了3.60%,而高收入国家平均值则下降了0.79%。我国中口径宏观税负由1996年的10.56%提升到2007年的19.16%,提高了8.6%,如果2011年我国中口径税负以23%计算,则比1996年提高了一倍还多,提升速度远远超过所有国家。从这个意义上讲,至少我国税负的提升速度太快。

从上述五个方面综合来看,我国宏观税负即使不能说过高,但至少不低。考虑到今后几年经济的持续发展和人均收入的提高,如果政府还不下定决心真正推行结构性减税政策,那么,累进性的税率机制将会在未来几年内把我国宏观税负水平推高到拖累中国经济增长的边缘。"中国税负痛苦指数过高,不管政府信不信,老百姓是信了",广大网民的幽默式调侃从另一个侧面也反映了一种民声,一种呼吁。

2. 结构性减税的战略意义

在未来的1—3年,世界整体政治经济将处于大动荡、大调整和大变革中,中国经济将可能面临2008年金融危机以来最难预测、最复杂、最严峻和最困难的内外部环境。外部环境方面,欧洲债务危机、中东社会动荡、美国等发达国家消费信心不足等因素都势必会导致中国出口增长乏力。特别是欧债危机,如果解决不好可能会将整个世界经济拖入寒冬,即使能勉强过这个坎儿,欧洲国家的财政紧缩计划也会对我国出口造成很大影响。另外,发达国家实行的低利率政策和经济复苏刺激计划也可能会给发展中国家带来通货膨胀压力。外需乏力,我们又只好重新返回国内,寄希望于扩大内需。但社会保障体系不完善、收入差距不断拉大、地区发展不平衡、房价过高、工薪阶层收入过低等一系列问题却又成了我国进一步提振内需的现实障碍。

除此之外，我国还面临劳动力成本上升、资源紧缺、虚拟经济存在泡沫化风险、社会体系不稳定等现实问题。因此，认真落实中央经济工作会议提出的"稳增长、控物价、调结构、惠民生、抓改革、促和谐"是保证中国经济2012年"稳中求进"的不二选择。但是，提了很多年的经济转型、结构调整，纸上谈兵容易，政策上落到实处很难。

"稳增长"将是我国未来几年的首要经济目标，这关乎我国的就业和社会稳定。在当下的国内外经济形势下，要刺激经济增长，无外乎两条路，一条路是推出类似2009年那样的4万亿元经济刺激计划，但是，我国还缺乏以创新驱动和技术主导的内涵式增长模式，经济潜在增长率还受到限制，一味地继续扩大投资只会造成产能过剩和通货膨胀，这将给中国的经济转型带来更大的困难；另外一条路就是通过减税刺激经济增长，这正是结构性减税政策促进我国经济持续增长的战略意义所在。而且，"有增有减，重在减税"的结构性减税政策对减少收入差距、扩大内需、调整产业结构、促进经济转型也是一剂良方，通过"一增一减"能有效传递政府产业结构调整和经济转型的政策思路和政策导向。

3. 结构性减税的基本方向

结构性减税政策是目前形势下促进我国经济持续增长的一种宏观调控手段，是在"有增有减，结构性调整"总思路下侧重于减税的一种税制改革方案，其落脚点是减轻企业和个人的税收负担，其根本目标是优化税制结构、服务于经济增长和经济发展方式转变。因此，结构性减税政策既不是普遍性的减税政策，更不是"减少增多"的变相增税政策。笔者课题组的一项实证研究表明，1995—2009年，虽然我国"税收持续超经济增长"最主要的来源仍然是经济增长因素（平均贡献大约为60%），但是增税政策对税收增长确实也功不可没（平均贡献大约为23%）。

增税无疑是我国过去20年来的基本税收政策路线，未来的几年是转向减税道路的最佳时机。从基本含义和战略角度看，结构性减税政策反对整体上增税，更反对不加选择地普遍性增税。笔者以为，要真正发挥好结构性减税政策的作用，要从以下几个方面着手：

第一，对民生消费减税，对奢侈消费增税。"调收入、惠民生"既是政府经济政策的目标，也是今后税收政策调控的方向。我国税制结构的特点是流转税等间接税占比太高，日常消费品、工薪收入承担了较重的税负，由于低收入人群的恩格尔系数很高，他们承担了相对而言"痛苦程度更高"的税负。今后，我们应该对老百姓的日常消费品，如化妆品、食品和副食品、服装等基本民生领域消费实施减税，对进口汽车、别墅、珠宝、高档烟酒等奢侈消费品，以及个人拥有的多套住房实施增税。在个人所得税方面，对无房人群的租房开支、贷款购买首套住房的利息开支、未成年子女的教育培训开支、大病医疗开支等等应该考虑给予一定比例的税前扣除。

第二，对大型垄断企业增税，对中小型企业减税。未来世界经济的寒冬是所有企业的寒冬，但更多的是中小企业的寒冬。正如商务部原副部长魏建国所说，"中小企业还来不及转型的时候，需要政府扶持一把，在严冬下给它一个温暖的棉被或者暖房"。在深化体制改革还未完成，垄断还将长期存在的目前形势下，对垄断大型企业增税也不失为临时之策。而对中小企业，我们可以降低他们的企业所得税税率，对微利企业和小型微利企业，还可以暂时免征企业所得税。

第三，对低碳经济减税，对高投入高污染企业增税。也许全球温室效应确实是一个天大的谎言，但低投入、自然、环保、循环利用肯定是我们永远追求的目标。尽快开征环境污染税、碳税，提高资源税标准，对环保设备改造、循环经济利用、绿色节能项目开发可以实行加计扣除。

第四，对高技术产品减税，对粗放式发展增税。结构调整、经济转型绝非一朝一夕之事。在前期，我们可以对努力转型企业实施税收优惠，扶持一把。对研发投入大、致力于自主创新的高技术企业，特别是技术含量较高的生产性服务业，要实行更大幅度的税收优惠。对高消耗、高投入、高污染，以及低附加值的粗放式生产企业要分类逐步增税。

当然，大力推行结构性减税的同时，我们必须注意提高财政支出的效率。目前，我国还缺乏有效的政府边界界定，财政预算缺乏软约束，财政支出也缺乏有效监督。一味增税绝对是坏事，但减税的同时，我们必须要提高财政支出的效率，不能减了税也减了公共福利支出。那样的话，减税政策的效果就会大打折扣，增税想法就会卷土重来。

二、劳动力成本上升将带来什么影响

曾几何时，"民工潮"在春节后占据各大媒体的头条；2003年起，部分媒体开始报道沿海的"民工荒"，最近几年来，这一现象正在愈演愈烈。据报道，2012年2月，四川、重庆两地开始到同为劳务输出大省的贵州招聘，而这一情景早在2011年就已在全国多地出现。"民工荒"现象当前已由东部蔓延至内陆，由大中城市扩散至中小城市。

随之而来的，是对中国是否已经跨过"刘易斯拐点"而形成的热议。"刘易斯拐点"是农业部门剩余劳动力向非农业部门转移，并被完全吸收的拐点。进一步的又分为第一拐点，即农村剩余劳动力从无限供给向有限剩余的转折点；第二拐点即农村剩余劳动力从有限供给到被完全吸收的转折点。依笔者拙见，当前种种迹象显示我国已经进入第一拐点，但尚未步入第二拐点，即"十二五"期间农村剩余劳动力仍将继续转移，此前国务院发展研究中心的一项研究预计，"十二五"期间每年可转移的新增农村劳动力数量仍在860万~900万人之间。

从日、韩的经验来看，进入"刘易斯拐点"后，劳动力供给增长将出现显著的减速，制造业产值占比将开始逐年回落，而与消费升级相关的服务业、商业零售等产业产值占比则会相应提升。此外，来自"刘易斯拐点"的最明显现象是，劳动力工资成本出现加速上涨态势，且相对于拥有本科以上学历的劳动者来说，仅有中学及以下学历的劳动者工资累计涨幅更为明显。这里深层次的原因来自于"人口红利"的枯竭和"人口负债"的到来。

这一经验近年来在中国开始愈发显现。据报道：2010年农民工工资上涨接近30%～40%。另据估计，未来5年，底层农民工的工资年均增速将在20%以上。如果分地域来看，近年来西部地区农民工收入增速要明显快于中部和东部地区。来自日本的预测显示，按中国目前劳工工资每年15%～22%的复合增速，2023年时工资水平就会超过日本，而美国预计这一时间会进一步提前。

1. 劳动力成本上升之势不可阻挡

工资不断持续上涨只是"刘易斯拐点"初期较为明显的现象，随着时间的推移，包括节假日加班费、社保缴费、职工福利、职工培训开支等等一系列劳动者基本权益在内的成本都将会开始上升，即劳动力成本将会出现全面上涨，这种上升之势由于其广泛性而不可阻挡，且具备相当的持续性。

改革开放30多年来，尤其是加入WTO后，丰富的廉价劳动力赢得了产业分工，中国经济依靠在劳动密集型制造业上的比较优势成为了世界第一大出口国。在这期间，以沿海劳动密集型为代表的大量中小企业始终保持着较低的利润率，一般仅在10%左右，因而，近年来劳动力成本和资源要素价格的大幅上升成为这些中小企业不可承受之重，这种情况对当前中国经济的影响将会相当显著。

进入"刘易斯拐点"会带来何种影响？笔者总结共有四点：潜在增速下降、通胀中枢上移、产业结构升级和城市化速度放缓。当日、韩在20世纪60年代末和80年代初分别跨入"刘易斯拐点"时,经济增速均遭遇了一定程度的回调,同时产业结构深度调整也是始自该阶段。这里的逻辑在于,"人口红利"的率先枯竭使得劳动力成本上升,劳动密集型产业集中的地区由于无法承受高成本带来的影响继而求变,一方面将产业迁向劳动和资源成本更为低廉的地区,一方面加快自身向技术密集型的转移速度。劳动力优势的丧失将使得出口优势不再,消费的提升将降低高储蓄率,由此导致高投资亦难以为继。在这一过程中,中国企业的国际竞争力将遭遇到前所未有的挑战。

2. 基于模仿的制造已经步入末路

中国大部分企业所仰仗的劳动力优势正在逐步消失,与竞争对手相比,中国制造业工人的小时报酬从2003年的0.84美元/小时上涨到2009年的2.04美元/小时,且从2007年起,中国制造业工人小时报酬开始大幅超越泰国、越南、墨西哥等主要竞争对手。正如雁阵模型所揭示的,当年低端制造业从"亚洲四小龙"转移至中国这一幕正在重演,而此次中国所仰赖的制造业正在从国内撤出,继而转向成本更加低廉的东南亚国家。由此,国内基于大规模制造以及模仿基础上的低价格竞争已经步入了末路。

"微笑曲线"告诉我们,靠技术和专利或者靠品牌和服务均能取得高收益,而组装和制造只能是处于最低端的一环。对前者而言最好的例子莫过于苹果,其资本近5000亿美元,2011年第四季度的增长超过100%,如同一家成长型小公司。公司飞速成长的背后依然是强大的研发创新,一部iPhone仅在2010年就申请了563项专利技术,而2008、2009年这一数字分别是186和289项,3年间增幅为55.4%和94.8%。苹果所代表的美系企业的竞争优势是创新和确立新的规则。相比之下,日系和德系企业的竞争优势是专业化及精良产品,其品牌和服务之强仍能使其获得不逊于前者的高收益。

那么国内企业的出路何在?从发达国家的发展历程看,在不同的经济发展阶段，其增长支撑是不同的。从经济贡献讲，是从要素积累走向集约管理，再从集约管理走向知识创新。所主导的产业结构，也曾经历从农业到制造业，再从制造业到服务业的转变过程。而总的趋势是不依赖于劳动力数量，而是通过劳动力质量的提升以及技术进步推动经济可持续发展的。当前其生产效率提高对经济增长的贡献已高达70%~80%。

三、政策应大力支持企业促其转型

2012年的《政府工作报告》将经济增长预期调降至7.5%，自2005年以来，历年《政府工作报告》中设定的年度经济增长预期值均为8%左右，而这次经济增长预期7年来首度调低，就此温总理在《政府工作报告》中特别说明，此举主要是要与"十二五"规划目标逐步衔接，引导各方面把工作着力点放到加快转变经济发展方式、切实提高经济发展质量和效益上来而做出的合理调整。单纯7.5%的数字可能体现了管理层对于中国经济继续"软着陆"降速的一个预期，但更为重要的是，作为平稳过渡期的2011年已经成功证明中国经济可以通过主动减速来改善经济内生性活力。管理层可以容忍GDP回落至8%以内，这一明确信号体现了政府调整结构的决心。

由此可以肯定的是，对于科技创新的投入将在未来持续增加。在《政府工作报告》中，我们看到了如下表述："大力推进科技创新。加强国家创新体系建设。深化科技体制改革，推动企业成为技术创新主体，促进科技与经济紧密结合。引导科研机构、高等院校的科研力量为企业研发中心服务，更好地实现产学研有机结合，提高科技成果转化和产业化水平。"

就具体手段来说，笔者认为，其一，由于劳动密集型企业转型不可能一蹴而就，因而在劳动力成本持续攀升的情况下，应给予更大力度的补贴，切实落实结构性减税，避免因企业经营困难而出现大量倒闭，从而使得人员失业现象的发生；其二，协助沿海企业做好产业内迁工作，并同时以资金支持其在内陆的配套产业发展，减小迁移过程中造成的不必要损失；其三，进一步加大对出口产品的升级换代，强调技术更新，同时也要注重产品质量。

  2011年从出口方式上来讲一般贸易的占比已经超越了加工贸易，而贸易主体上民企占比也持续上升，体现民企的灵活性正在逐步增强。在"十二五"改革继续深化的关键之际，劳动力成本上升将给中国经济带来持续且深刻的影响，解决好这一问题，将是促使中国经济平稳较快发展的关键。

兴国之要与强国之路

施本植*

党的十一届三中全会以来,我国以经济建设为中心,实施了一系列改革开放政策,有效地推动了国民经济的持续快速增长,我国的 GDP 年均增长近 10%,2010 年 GDP 总值达 58786 亿美元,比日本多 4044 亿美元,首次超过日本成为仅次于美国的世界第二大经济体;2011 年我国 GDP 总值 74970 亿美元,比日本多 19290 亿美元,第二大经济体的地位更加巩固。2011 年我国 GDP 总量比作为第一经济体的美国少 74539 亿美元。2009 年我国 GDP 总量约为美国的 36.6%,2011 年提高到 50.1%,我国与美国的经济总量差距不断缩小。如今,我国已建立了覆盖全部领域的制造业体系,制造业总值位居世界前列,2011 年加工业产值已占全球的 19.8%,超过美国居世界第一;2011 年我国进出口总额 36421 亿美元,其中出口 18986 亿美元,进

---

* 云南大学经济学院院长,教授、博士生导师。

口 17435 亿美元，中国出口产品遍及全球，成为世界第二大出口国；2011 年我国网民数已超 4 亿人，移动通信用户 7 亿多人，居世界第一；我国的外汇储备和利用外资规模均居世界第二；我国煤、水泥和化肥产量连续多年居世界第一；钢、发电量和布的产量基本保持在世界前两位；原油产量居世界第五位；谷物、肉类、棉花、花生、油菜籽、水果等的产量连续居世界第一位。

随着经济的持续快速发展，我国目前已进入到了一个崭新的发展时期，即由大国向强国跃升的重要时期。在这一重要的历史关头，抢抓大国向强国跃升的重要战略机遇，努力实现中华民族的和平崛起和全面振兴，是时代赋予我们的重要历史使命。

一、科学定位：找准迈向强国的方向

实现大国向强国的跃升，首先必须搞好发展的定位，选准发展的方向。富强富强，先富后强，富了才能强。实现强国之梦，首先要抓好经济建设。就经济建设而言，党中央提出了"三步走"的构想，即在基本解决温饱问题之后，到 2020 年实现小康社会建设目标，到本世纪中叶人均国民生产总值达到中等发达国家水平，基本实现现代化，建成富强民主文明的社会主义国家。我认为，在我国下一步的发展定位过程中，应当正确认识和处理好以下关系。

经济总量与人均反差大的关系。经济是基础。实现强国目标，首先仍然要坚持以经济建设为中心，实现经济大国向经济强国的跃升。胡锦涛总书记在庆祝中国共产党成立 90 周年大会上明确指出，"以经济建设为中心是兴国之要，是我们党、我们国家兴旺发达、长治久安的根本要求"。应当看到，如今我国已成为世界经济大国，但是，我国经济总量与人均之间反差巨大，2011 年我国人均国民总收入已突破 5000 美元，仅居世界 100 位左右。温家宝总理曾感言："一个很小的问题，乘以 13 亿，就会变成一个大问题；一个很大的总量，除以

13亿，就会变成一个小数目"。继续坚持以经济建设为中心，符合马克思主义基本原理，符合我国的客观实际。

除了经济总量和人均反差大之外，我国经济还存在结构不合理、发展不平衡、质量不高、难以持续等问题。目前我国很多行业特别是高资源消耗、低端制造业产能严重过剩，与此同时，高端集成电路的90%、轿车制造、纺织机械等高技术装备的70%还依赖进口，2010年我国石油消费一半以上依赖进口，铁矿石、铜矿石的对外依存度均近70%。2010年我国的投资率高达47%，全社会固定资产投资占GDP的比例达67%，投资与消费关系严重失衡。2010年我国三次产业比例为10.2%、46.8%、43%，第三产业比例远低于发达国家60%以上水平，服务业发展滞后，三次产业比例不协调。我国出口产品中拥有自主知识产权的不到10%，90%是贴牌生产；我国对外技术依赖度达54%，全国出口的57%来自外资企业；我国企业研发支出只占企业销售收入的0.56%，创新能力不足，多数产业缺乏核心技术，已成为我国经济发展的重要制约因素。我国经济发展中的资源瓶颈制约也十分严峻，人均资源少，单位产品和GDP的能耗物耗却高出世界先进水平20%～30%。我国的环境压力不断增大，江河湖泊普遍遭受污染，全国75%的湖泊出现不同程度的富营养化，90%的城市水域污染，1/3的国土不同程度水土流失，沙化土地占国土面积的18%，30%的国土面积不同程度经受酸雨，多数大城市空气质量下降。特别令人不安的是，经过30多年的发展，我国虽然已成了世界最大的"加工厂"，但由于自主创新能力不足，大多数产品缺乏核心能力和品牌，形成的是"微笑曲线"两头小中间大的"橄榄型"产业价值结构，在国际贸易中缺乏定价权，在国际分工中只能领取微薄的"加工费"，充当廉价的国际"打工仔"。因此，即便在我国外汇储备已突破3.2万亿美元、持有美元国债超过8000亿美元的今天，仍然无法改变透支环境，透支资源，透支劳动者健康的发展模式，深

改革与发展
Reform and Development

陷"商品化—证券化—美元化—贫困化"的"斯蒂格利茨陷阱"中。因此,进一步优化经济结构、缓解结构和资源约束,实现可持续发展,通过扩大内需特别是增加国内消费增强发展的自主性,实现经济发展方式转变,通过自主创新增强核心竞争能力,取得定价权,尽快摆脱上述斯蒂格利茨陷阱,已成为我国经济发展中的当务之急,也是我们迈向经济强国的必然选择。

国情与国际惯例的关系。在经济全球化不断发展,我国融入世界的程度日益加深的今天,把握我国未来发展方向,一方面必须从我国国情出发,另一方面必须遵守国际惯例,国情和国际惯例是确定我们前进方向的纵坐标和横坐标。我们既要防止片面强调国情特点,不重视遵守国际惯例的做法,更要防止片面强调国际惯例,不从本国实际出发的做法。既要反对简单的拿来主义,也要反对狭隘的民族主义。无论是我们的经济建设、文化建设、政治建设、生态建设、社会建设和其他建设,都必须高举中国特色社会主义理论伟大旗帜,坚持从中国的实际出发,走中国特色发展之路。与此同时,要认真学习、借鉴国外经验,遵守国际惯例和国际规则,为维护良好的国际经济秩序和世界和平做出积极的贡献。

能力与责任的关系。长期以来,我国的国际定位是发展中国家,这不仅符合中国发展的实际状况,也是我国地缘政治的需要,这种定位对于我们团结广大的发展中国家反对霸权主义威胁起到了积极的作用。如今,我国还没有成为发达国家,经济上我国的人均水平还较低,我国的城市化、工业化和现代化还处在加速推进阶段,我国还处在体制机制转型的重要时期。但是,我们也不能继续简单地把自己定位成发展中国家,我国事实上已成为了快速崛起的发展中大国,因为我国已成为经济总量仅次于美国的世界第二大经济体,我国的许多经济总量指标已今非昔比,加上我国国际影响力和在国际事务中作用的增强。如今,国际社会对我国承担责任的期望已超出了发展中国家的

范畴。我国理应而且可以肩负起更多带有全球性的责任，以期与我国的实际能力相对称，与国际社会对中国的认同和期望相一致。今后我们一方面要继续加强能力建设，不断增强国家的综合国力，另一方面要勇于担当，积极参与国际事务并在国际事务中争取更多的话语权，履行好相应的义务，承担更多的责任。通过妥善处理好能力建设与责任担当的关系，处理好国际社会期望与国内实际困难之间的矛盾，践行"和谐世界"建设的理念，顺利实现由大国到强国的跃升。

二、补齐短板：不断提升综合竞争力

经济一体化是当今世界经济社会发展最重要的趋势，也是当今世界各国竞争最重要的特点，一个国家和地区一体化发展的水平和质量决定了该国和地区经济社会发展的水平和质量，也决定了其参与国际竞争的能力。尽管世界发展过程中也出现了逆一体化发展的现象，但一体化发展的总趋势并没有改变。

就经济一体化而言，当前世界经济发展出现了一体化加速发展的趋势。根据荷兰经济学家丁伯根（Tinbergen）的定义："经济一体化就是将有关阻碍经济最有效运行的人为因素加以消除，通过相互协调与统一，创造最适宜的国际经济结构。"美国经济学家巴拉萨（Balassa）则认为："经济一体化既是一个过程，又是一种状态。就过程而言，它包括旨在消除各国经济单位之间差别待遇的种种举措；就状态而言，则表现为各国间各种形式的差别待遇的消失。"经济一体化本身是一把双刃剑，机遇与挑战并存，经济一体化发展的总体效应是降低交易成本和风险，提高资源配置的效率。经济一体化也会使发生在一个国家和地区的经济波动、环境污染、恐怖活动等往往蔓延至全球，因而，一体化也存在逆效应和波及效应。如今的世界经济一体化发展还出现了一系列新特征，包括突破原来单纯货物贸易自由化和相邻国家间一体化发展的传统，合作领域日益向服务贸易自由化、投资自由化、贸易争端解决机制、乃至统一的竞争政策、知识产权保护标准、环境标准、劳工标准等方面扩展和深化，出现了越来越多的跨地域、跨洲际的一体化组织，地理因素在经济一体化中的作用大为减弱等。经济一体化的突出表现是世界各国之间互相依存、共荣共衰的关系更加明显。如今，世界经济步入低速增长期的同时，还出现了一系列重大调整，一是欧美等在金融危机之后更加重视发展实体经济，在发展制造业方面做各种努力，世界制造业竞争将更加剧烈；二是全球"产能过剩"矛盾突出，一些行业的重组在所难免，不可避免地引发国际市场上的"价格战"，加剧国际经贸摩擦；三是一些新兴的经济发展模式，如绿色经济、低碳经济等将成为经济增长新亮点。经济一体化的发展使国家之间在经济领域的竞争更趋多样化和复杂化。

一体化发展和竞争的趋势还表现为经济、政治、科技、文化、教育、国防、外交、资源、民族意志、凝聚力等要素加速融合，形成了各要素共生共存发展的态势，国家之间的竞争变成了综合国力的竞争，综合国力成为衡量国家是否强大的重要指标。综合国力指的是一个国家赖以生存与发展所拥有的全部实力及国际影响力的合力。综合国力的构成要素既包含自然的要素，也包含社会的要素；既包含物质的要素，也包含精神的要素；既包含实力，也包含潜力以及由潜力转化为实力的体制、机制和制度，是一个国家经济、政治、科技、文化、教育、国防、外交、资源、民族意志、凝聚力等要素有机关联、相互作用的综合体。

在综合国力竞争日益重要的今天，一个国家在经济、政治、科技、文化、教育、国防、外交等方面的单边突进不可能成为真正的强国。因此，我国的强国之路要以经济建设为中心，以经济实力的增强为前提和基础，但并非经济发展了就会成为世界强国，在推动经济发展的同时，必须高度重视增强我国的综合国力。根据"木桶原理"，

中·国·经·济·观·察

木桶的容量不是取决于形成木桶的各块木板的平均高度，更不是取决于最长的木板，而是取决于最短的木板。当前和今后相当长一段时期，我们在坚持以经济建设为中心继续抓好经济建设的同时，应当高度重视抓好构成综合国力的其他要素的发展，特别是补文化、科技、外交等短板，切实改变我国发展过程中一定程度上存在的"大经济小文化"、"大经济小货币"、"大经济小外交"等状况，做到经济崛起与文化崛起、政治崛起、外交崛起等协调并进。

加强文化建设等短板，既是缓解我国经济发展中结构制约和发展方式制约的需要，更是实现由大国向强国跃升的需要。经济是硬基础，文化是软基础，软硬必须相济。经济是体，文化是魂，体要魂引，魂要附体，强魂才能健体。文化是调整经济结构、转变经济发展方式最深厚的资源，也是可以持续利用的高等要素，没有文化的崛起，就无法改变我国产业和产品缺乏科技支撑、缺乏核心竞争力、缺乏品牌和定价权的被动局面，无法有效地转变传统的经济发展方式，经济上就难以真正崛起，更不可能实现可持续发展。没有文化的崛起，更不可能跃升成为真正的强国。因为文化是一种软国力，但文化的作用并不"软"。可以毫不夸张地说，没有硬实力，一打就倒，而没有软实力，不打自倒。文化对于形成一个国家的核心价值体系、凝神聚力，以及提升一个国家的国民素质及其综合竞争能力，起着极其重要的作用。如今，文化的竞争已日益成为综合国力竞争的焦点和关键领域。世界不同国家之间，围绕文化的传播与封锁、扩张与抵制、消亡与保护等，展开了频繁而复杂的较量与竞争。各种文化之间的合作与竞争、融合与冲突，已伴随经济和政治等领域的竞争日趋激烈和重要。我们国家只有在这种文化较量和竞争中赢得了主动，真正占领了一席之地，才能巩固经济和政治等领域竞争的成果，也才能为世界作出新的更大的贡献，真正成为名副其实的强国。

三、改革创新：选好迈向强国的路径

有了方向，有了目标，还要选择科学的路径，才能顺利实现强国目标。近年来，我国与欧美等世界主要经济体之间的经贸摩擦日益增多，甚至是一些发展中国家对中国也产生了不少疑虑，比如东南亚国家就曾一度产生了"中国威胁论"。随着我国的快速发展，我国在国际社会的重要性越来越明显，与此同时，我国迈向强国遇到的麻烦也会越来越多。因此，必须未雨绸缪，讲究策略，认真探索和选择迈向强国的科学路径。

探索和选择迈向强国的科学路径，必须进一步解放思想、更新观念，这是推进各项改革创新的前提和关键。就经济发展来说，我们既要重视有形资产，更要重视无形资产；既要重视数量扩张，更要重视质量提升；既要重视加工能力，更要重视研发制造能力；既要重视产出率，更要重视定价权；既要重视硬实力，更要重视软实力；既要重视比较优势，更要重视竞争优势。要进一步通过结构优化调整，通过提高技术创新能力和核心能力，实现由"中国加工"到"中国制造"的转变，提高我国出口产品的技术含量和品牌价值，取得国际市场上的定价权，改变目前国际市场上中国人买啥啥涨，卖啥啥跌的被动局面，提高我国参与国际竞争的能力，增进我国参与国际分工的收益。

就文化建设来说，要高举中国特色社会主义理论旗帜，加快中国特色、中国风格、中国气派的社会主义文化建设，形成具有中国特色的成熟认同的理念和价值观，增强中国文化的国际影响力和竞争力，获得在国际事务中更多的"话语权"，从而提高综合竞争实力。目前，要抢抓欧美等国家"两高"（债务高、失业率高）、"两难"（经济增长难、形成共识难）的机遇，顺应外国人热衷学习汉语和中国文化的热潮，以我国企业的对外投资、出口的商品、服务等为载体和抓手，借助经贸交流、语言文化传播、推进人民币区域化和国际化等手段和途

径，广泛传播中国元素，增加我国的国际影响。

在迈向强国的路径选择上，应当实现以下三大转变和结合：一是从"引进来"到"走出去"。长期以来，我们重视引进来，包括引进技术和外资等，对推动我国经济发展产生了积极作用，但是，大量国际资本和技术流入中国，必然限制这些资本和技术流向那些同样需要资本和技术的其他发展中国家，一定程度上引起某些发展中国家的焦虑和不满。因此，应当把"引进来"和"走出去"有机结合，加大实施走出去发展力度，才能在宏观层面上构建起动态均衡的开放经济系统，并在企业层面上构建起跨国的价格转移机制，提高资源配置的效率。我国资本和文化等的走出去，也会推动当地经济社会的发展，从而改善我国的国际形象，增强我国的国际影响力；二是从被动"接轨"到主动"设轨"。在过去相当一段时间里，我国主要选择了以"接轨"为特征的路径融入世界体系，比如申请加入世界贸易组织，先是实行以改革促开放、继而实行以开放促改革的方针，不断改革国内的各种制度和机制去适应世界体系，这种路径选择是必要的，也取得了显著的实效。但是，现在我国免费利用全球公共产品包括自由竞争、安全航行、以及各种国际规则实现高速发展的时代已经终结，首先是国际社会不答应，因为目前西方国家提供这些产品的能力不断衰退，国际社会期盼中国有更多的作为以保持全球持续发展。其次是国内强国富民需要改变单纯接轨的被动局面，因为美欧等西方国家主导制定的各种规则不尽合理，单靠这种路径被动地适应别人制定的规则对我国发展不利。要迈向世界强国，应当积极参与国际规则的制定，通过主动"创轨"和"设轨"，争取主动，增大影响，更多更好地分享参与国际分工的好处；三是从内到外，内政与外交有机结合。能否跃升为世界强国，主要取决于国内发展，强国的基础是国内发展，因此，要进一步做好国内工作，与此同时，要进一步重视外交工作，通过有效的外交拓展发展的国际空间，增强国际影响力。为了实现以上三大转变和结合,要进一步建立和完善我国的内外政策体系,在形成正确的宏观政策体系构架的基础上,增强各类政策的协调性,提高政策的可操作性和有效性,及时清理各类政策,改变政策过多过滥的现象,并逐步把成熟有效的政策上升为法规,依法行政,依法治国,以法强国。

总之,我们要以创新力强化经济、科技、军事等"硬实力",以硬实力占据国际竞争制高点,通过文化建设加强"软实力",通过软实力增强综合国力和国际竞争力,还要通过政策和体制机制创新增强"巧实力",善用巧实力妥善处理各种利益冲突和社会矛盾,化不利因素为有利因素。只有"三力"共同作用、协同推进,才能真正实现强国建设目标。

探索与争鸣

Exploration and Contention

中国经济的围城与穿越

祁 斌[*]

预测未来中国经济,我们会听到各种各样的声音,大部分是悲观的。以前大家都说围城现象,里面人看外面好,外面人看里面好。现在是,里面看外面——欧美债务危机,肯定不行了;外面看里面也说不行,卖空中国。挺奇怪的,围城现象消失了,而且现在中国人自己也说自己不行了。现在只有一种人说中国好,我称之为穿越。就是老外来了中国,觉得中国挺好的,中国人一出国,说原来还是祖国好。

一、中国经济发展的外部环境

1. 不平静的世界格局

第一,没有最乱,只有更乱。中东发生了剧变,中东的情况印证了毛泽东的著名论断:星星之火,可以燎原。从突尼斯的一个小商贩

---

[*] 作者系中国证监会研究中心主任。

开始,中东大地最后到处都是抗议的人群,随后很多强人离开了政治舞台,甚至生命也结束了。但并没有因此带来和平,也没有带来民主,今天的中东已经从抗议人群升级为坦克大炮。所以我们用一句话来概括中东局势,叫做:没有最乱,只有更乱,一个主题字——"乱"。

第二,没有最糟,只有更糟。欧洲一觉醒来,惊梦后的欧洲发现世界变了。"希腊抗议者"成为2011年《时代周刊》的年度人物,其中一位著名的抗议者是希腊街头的一条狗。危机扩散得很快,从希腊开始到西班牙、葡萄牙、比利时、爱尔兰、芬兰、意大利,愈演愈烈。欧洲的情况可以概括为"没有最糟,只有更糟"。

第三,没有最恨,只有更恨。有一首流行歌曲叫《有一种爱叫做放手》,2011年我们也发现"有一种恨叫世人皆曰可诛",占领华尔街。1860年时美国作家福勒有这么一段名言:人们都认为华尔街是一个塞满不洁之鸟的笼子,那里人们的所作所为令人憎恶,他们进行了可怕的交易,靠榨取朋友和邻居的财富来养肥自己。150年之后,我们发现,美国社会对于华尔街没有最恨,只有更恨。

第四,没有最险,只有更险。我们不能忘记去年还有一个重要人物就是金正恩同志。朝鲜虽然是一个很小的国家,但是东北亚的局势,牵动着全球列强,套用以前的老话叫东西方对峙的前沿,所以叫做受命于危难之际,没有最险,只有更险,形势非常凶险,而且朝鲜的局势对于中国的发展改革和崛起有非常大的影响。

第五,没有最难,只有更难。中国经济改革到今天,到了"没有最难,只有更难"的时候了。改革进入深水区,我们在增长、转型、通胀之间寻找艰难的平衡。

2. 欧洲的三大沉疴

第一沉疴是高福利社会。有一个资料说,希腊有一个修道院,有40个园丁,养了30年,而且还准备再养30年。最近发现修道院里没有花园,都是吃空饷的。大家确实觉得很惊讶。而且一说紧缩财政就不干了，都上街了。希腊这个国家挺有意思，上班的时候都不来，罢工的时候全来了，出勤率还挺高，全国超过了50%。欧洲的情况，用马列主义解释最简单：生产力没有达到足够的水平，提前进入"共产主义"，现在只能往回找。

第二沉疴是欧元存在先天性的设计缺陷。以前有一首歌曲叫做《有一个美丽的传说》，这个美丽的传说叫欧元。蒙代尔最近在谈亚元，未来很多年以后，如果我们搞亚元是可以借鉴今天欧元的教训。当初欧元设计的时候，可能有一个因素忽略了，或者没有充分考虑，经济学叫"劣币驱除良币"。当不同竞争力的经济体被绑在一起之后，有可能共同趋向一个比较差的状态，当然我并不是认为欧元会崩溃，因为谁也承受不了这个代价。

第三沉疴是全球化浪潮下的产业空心化。这是核心。沃尔沃被中国汽车业收购了，如果我们告诉瑞典人收购沃尔沃的是中国的一个农民，他们可能不相信，觉得是一种侮辱，李书福以前就是个农民。瑞典有些人对这样的收购案很有情绪，萨博不让中国人收，结果破产了，沃尔沃现在已经扭亏为盈了。今天放眼望去，欧洲的产业，没有什么产业中国人不会做了，只要中国人会做，价格直接下降80%。

去年我去瑞士参加一个会议，同事说可以买一块手表，说在瑞士手表比较便宜。所以会议期间我去了一家苏黎世的百货大楼，可能没找对地方，我一看价格以为标错了，稍微看得上眼的手表就是5万欧元。陪同我们的老外是个荷兰人，中国通，在中国待了15年，汉语说得极好，说这表千万别买，这表在深圳就只卖200块。这话听着是开玩笑，但实际上没准是真的，还有什么表中国人不会做的？宝马奔驰都会做了，大家说国产奔驰宝马质量有问题，慢慢改进就是了。大家知道不知道全球哪个国家的奥迪最好？中国的最好，为什么？因为市场大，因为挣钱了，可以不断提高质量、不断提高服务。1992年我去美国留学的时候，那时候老留学生给我们最大的建议就是千万别

买奥迪，因为奥迪质量特别差，还特别爱尝试新技术，过一个收费站，电动车窗摇下来了，回不去了。买辆二手车花了500美元，修车窗花掉1000美元。现在中国的奥迪是全球最好的奥迪，未来中国的宝马奔驰也将是全球最好的宝马奔驰，这个没有任何疑问。我们讲的这一些例子好像是笑话，但是想揭示一个严肃的问题，欧洲这些产业，原来山高水远，全球化了，中国人全会做了，包括这些手表，都是农民工在做，iPhone都是农民工在做，有什么学不会的？没有。所以问题在哪里呢，欧洲的产业，传统产业具有比较优势，因为全球化的浪潮，今天中国人会做，印度人会做，巴西人会做，比较优势瞬间崩溃，欧洲的尴尬是没有能力产业升级，欧洲没有自我更新的能力，这跟他的经济体制和金融体系是高度相关的，而美国，恰好有个硅谷。欧洲需要什么？需要改革开放。撒切尔夫人说欧洲的高科技产业落后，是因为欧洲的资本市场落后，这是对的。现在大家都知道，欧洲高科技产业落后于美国，但我们知道，现代科学之父，最伟大的物理学家是牛顿，是英国人，如果说这有些久远，最近的例子是，互联网之父贝恩，波兰人。他们在欧洲是一事无成，当然牛顿还是很有作为的，但贝恩的确一事无成，到了美国成了互联网之父，开创了跟互联网相关的几十个产业。所以我们在想，还是有一套比较弹性的、比较市场化的经济体制和金融体制才是决定因素。欧洲现在正好是非常顽固抵制改革开放，比如中国人去收购他的产业，买他的一片地，并购他的一个企业，他都很生气，但这只是延缓了自己改革的进程。欧洲出台各种政策阻止新兴市场对它的并购，是完全错误的。所以有人说欧洲现在有点像大清王朝。

3. 对欧美金融动荡的研判

第一，不改变发达经济体衰退、新兴经济体崛起的态势。

第二，加速了这个趋势。

第三，发达经济体的加速衰退，或者简单说西方经济的衰退，拖累了新兴经济的崛起。我们这里说到东西方，不是想意识形态化，所谓东西方，很简单，就是西方那些人，比我们早200年或者300年发现了市场经济，我们中国在最近的30年发现了市场经济，仅此而已。西方的加速衰退，对我们也会有影响，所以问题没有那么简单，形成了一个相互缠绕的复杂局面。

第四，竞争未来30年的战略性新兴产业，东西方站在了同一条起跑线上。至于战略性新兴产业是什么，是干细胞，是风能发电，是光伏产业，是云计算，还是物联网？不知道，不知道是正确答案。竞争最后是看哪个国家的经济体制比较市场化，金融体制比较市场化，当然我们还有个优势，就是市场比较大，能增加我们在全球新兴产业竞争中的谈判力。

第五，因为中国的快速发展，世界围堵中国的步伐加快，这不是我们在庸人自扰。一个非常典型的例子是，中国周边的经济体，每一个都是在经济上依赖中国，在政治上反对中国，这是个现实。所以，做好自己的事情，这是唯一正确的答案。同时，这个局面也并不可怕，前些年世界上最流行的理论叫中国威胁论，100年前世界上最流行的理论是美国威胁论，因为那时候美国正好要超越英国，英国人受不了了，天天遏制美国，过了两天一看美国又往前跑了，又赶紧跑过去投资，这么来回折腾了50年。我们回顾一下历史，对今天的中国非常有借鉴意义。

二、未来的中国经济

未来10年中国经济大致是什么样子？我们现在人均GDP 5000多美元，保守估计，如果按"十二五"规划GDP年均增长7%，能够保持10年，可以翻一番，达到1万美元。所以2020年左右，中国人均GDP成为美国的1/4，中国人口正好是美国的4倍多。所以中国经济有望在2020年前后总量赶上或者超过美国。这个对中国非常重要，为什么？

1. 中国将成为全球第一大经济体

尽管我们很清楚地知道我们人均 GDP 还是美国的 1/4，但达到了人均 1 万美元，我们就有机会去推动一些更深层次的改革，在某种意义上就突破了中等发达国家陷阱，所以未来 10 年，保持社会稳定、经济平稳、稳健的增长，对中国非常重要。

能不能做到，有很多挑战。中国今天的经济落后程度，其实可能是我们很多人不能想象的，尽管我们发展很快、很强大。比如人均 GDP，全球排到第九十多位，可能很多同志说我们挤进百强了。全球排第七十多的国家，叫阿尔巴尼亚，这是我们"文革"时的兄弟国家，改革开放 30 多年之后，我们还是兄弟，人家还排在我们前面，我想就这一个数据，就可以帮助我们清醒地认识今天中国经济的发展水平。

2011 年年底，央视又开始评"感动中国"，我没看，因为 2010 年的《感动中国》节目我看了一眼。感动中国的第一号人物是什么人呢，他的事迹是连续 20 年没有拖欠工人工资，开始我还以为听错了，再听一遍，没错。开工厂不拖欠别人工资，那不是应该的吗？怎么能因为有一个人他连续 20 年没有拖欠别人工资，就成了民族英雄，感动中国第一号人物。这个背后是什么呢，中国经济的发展水平、质量和效率还是非常低的，中国经济的高污染、高能耗和经济附加值低。高污染，如临汾市被评为全球最肮脏的城市之一。我们的能耗，我们每产出等量 GDP，需要发达国家 2~8 倍的能耗。

今天我们中国经济中有一个非常奇怪的现象，我们都知道，中国经济现在遭遇一个现象叫"温州现象"，这个事情怎么想怎么不可思议，温州是中国最有钱的地方，就这么一个地方，大量的企业需要融资，最后因为资金问题纷纷倒闭。而也是在温州，大量的资金找不到出路，到全世界去投机、炒房，那算好的。后来炒煤矿、炒绿豆、炒棉花，老外都看傻了，温州人成群结队到温哥华、到澳大利亚炒房子，就没有人去支持本地的企业。"温州现象"是中国经济今天的结构性缺陷的集中表现，同样在一个国家，有大量的中小企业得不到发展，有大量的资金没有出路，为什么？因为金融市场不发达，我们前30年很穷，那时我们最大的困扰是没有钱，现在有了钱，因为金融市场不发达，最大的困扰之一是这些钱成了社会危害，成了热钱。

2. 未来30年的任务

第一，未来30年要完成工业化和发展战略性新兴产业。要理解中国经济转型，其实看看历史非常简单。美国历史上，跟现在对应的是两个阶段，一个是重工业化，一个是高科技产业崛起，分别发生在跨度100年的历史中。

1900年前后，美国在这个阶段实现了重工业化。今天的中国，汽车、钢铁、化工等产业轰轰烈烈，相关的一个主题是并购，并购是符合经济发展规律的，尽管我们有很多行政上的约束和各种制约，但是它一定会发生，而且应该去推动，要利用资本去推动产业并购，这应该成为中国投行的最主要业务之一。另一方面是高科技产业崛起，中国希望能够在未来30年发展一些高科技产业。美国是因为一套制度安排，抓住了过去的30年四大产业，即PC、电信、互联网、生物制药。我们希望浓缩在未来30年同时完成美国跨度100年的两件大事，一是完成中国的重工业化；二是发展战略性新兴产业。我们要用好资本市场这只无形的手，中国经济能不能再有30年增长，跟能不能产业升级很有关系。

第二，培育产业升级的平台。中国为什么没有乔布斯？乔布斯的奇迹不是乔布斯个人，苹果全球有46000个员工，他们不可能是天天以创新为使命，人家得过日子，人家得养家糊口，他们都是依靠股权激励，所以是一整套的制度安排，这个一定不要误读，美国有这么一套制度安排，没有乔布斯，也有李布斯，没有李布斯也有比尔·盖茨，我们可以看到，他们的故事千差万别，但本质是完全一样的。况

且乔布斯是1976年创立苹果公司，1980年一上市就是亿万富翁了，所以衣食无虞，可以专心创新，有机会成为一个更加纯粹的人，也是受益于资本市场的支持。

所以怎么去产业升级？还是硅谷的经验，科研、人才、专利、资本，再创造一个好的交换平台。

最近我国的金融工作强调要服务好"三农"和中小企业。金融好像总是眼睛往上看，跟这些似乎没什么关系。其实，"三农"和中小企业可能比你想象的重要。我听说有一帮年轻人跑到甘肃去创业，干什么呢，在沙漠里种蔬菜，种出来没有？他们告诉我种出来了，沙丘还在移动。我还没看见。我们中国这个国家最缺的是什么？耕地，这个发明我想很了不起，有很大的经济价值，这些年轻人的动力是什么？是为了上资本市场。这说明什么呢？一是未来战略性新兴产业究竟是什么？谁也说不清楚，也许就是现代农业。这要靠市场去发现、去推动；二是中小企业是中国经济的未来。

第三，利用资本市场完善养老体系建设。资本市场对于养老体系或和谐社会的建设非常重要。先看一下美国从1984年到2008年，美国老百姓每个人养老金账户的年终余额与道琼斯指数的相关系数在30年之内平均是98%，接近100%，美国的资本市场完全是因为长期资金逐步推动和专业机构投资者引入，才走上了健康良好的发展道路，美国养老体系也是因为投资于资本市场才得到了分享经济成长的机会，这个机制的建设涉及到方方面面的机构、部委、公司、个人。证监会正在努力推动这个机制的建设。

同时，资本市场要加快改革步伐，提高治理水平。1930年代，美国通用汽车的第一任总裁威尔逊首次鼓励工人用养老金买股票，此举激怒了当时美国的资产阶级，他们说，这样工人不就也变成资本家了吗？事实是，随后的几十年里，美国的绝大部分普通老百姓，因为参与资本市场而成为了美国经济的股东，当然他的这种参与不是自己抱着一捆钱冲到股市去买股票，而是通过养老金体系的建设、国家的税收优惠支持、专业机构的专业投资和股票债券等一系列金融品种的组合，实现了相对稳健的增长，使得美国民众得以分享美国经济在过去一个世纪中的巨大增长。这一套制度建设，人家资本主义国家都搞成了，我们社会主义没有理由搞不成。

三、中国经济的围城与穿越

1. 围城与穿越

中国经济究竟会怎么样？以前是"围城"，里面人看外面好，外面人看里面好。现在是"穿越"了，就是老外来到中国，觉得中国好，中国人一出国，说原来还是祖国好。

老外到中国来为什么觉得中国挺好的呢？一是中国跟他的想象很不一样，中国今天的决策的分散化程度远远超出了他们的想象，有一些老外总觉得中国会某一天突然就不行了，他们不知道其实中国已经是非常分散化的决策机制了；二是老外到中国来一看，发现世界上很少有国家像中国这么有活力的，他会非常震撼。

中国人一出国，发现还是祖国好。我认识一些导演，有的导演往往比较容易愤青，批判现实主义，当然我们也应该有自我批判的精神。他们拍摄一个专题片叫《货币》，去了意大利，运气有点背，因为威尼斯以前是欧洲货币的起源地，所以非去意大利不可。去了以后给我写 E-mail，说到了意大利，发现还是祖国好。我想很多东西的好坏是相对的，但是，我们不能因此固步自封或做井底之蛙。

2000 年的时候，世界预测中国经济总量超过美国是 2050 年之后的事情，IMF 最近说是 2016 年。具体什么时候超过并不重要，即使超过了我们人均还是比他差很远，中国经济为什么会加速，这个问题听上去很复杂。其实用亚当·斯密最简单的理论就能够解释，自由经济的本质叫自由贸易或者做生意，而做生意是排列组合。两个人做 1

个交易，3个人做3个交易，4个人做6个交易，5个人做10个交易，6个人做15个交易，7个人做21个交易……这样排列组合，越来越快，所以当13亿人在一起搞自由经济的时候，结果是非常震撼的，也就是指数增长，是爆炸式的增长，所以中国经济的总量会增长很快，会有加速效应。况且一个中国人一天做10个交易，一个德国人10天做一个交易，一个希腊人10天一个交易也不做。

所以，怎样更加深入地推动市场化改革，怎样更好地释放这13亿人的活力，激发他们的创造力，是决定中国宏观经济前景的最大因素，其他的因素相对而言可能都是较小的因素。

例如，讨论宏观经济的时候，很多人往往会提到"民工荒"的问题，这的确是个问题，但我们也要看到很多民工开始做生意了，去创业了，可能还有的去读了EMBA，他们到了一个更高层次；很多人讲拉动内需很困难，但是我们到了海南发现旅馆都爆满，过年过节到哪个餐馆都订不到座位，我想别的不说，就消费而言，让中国人从不消费到消费，大概会比让欧洲人从高消费到低消费容易一些，况且我们的下一代在这方面是绝不会含糊的。考虑问题可能还是应该要从多方面看。

中国经济为什么会和很多国家不同？2006年我们去了北京郊区的地道战遗址，迎头看到了一块农家菜的广告牌，大家数了数上面有多少广告，不多不少27个，这一定是全世界竞争最激烈的广告牌。我后来去国际论坛带上了这张照片，老外全震撼了，我告诉他们，这就是中国经济，在中国经济的每一个角落，都是这么一群人，他们丝毫不畏惧竞争，全心全意地拥抱市场经济。这就是中国经济的真正动力所在。

2. 实现中国经济的两个30年目标

第一，体制机制改革。中国经济现在人均GDP 5000多美元，阿根廷100年前就是这个水平，美国100年以前也是这个水平，当时阿根廷跟美国站在同一个起跑线上,今天美国人均 GDP 4.8 万美元,阿根廷人均 GDP 6000 美元。无独有偶,今天世界在猜是中国崛起还是印度崛起。所以 5000 美元之后的长期竞争力靠什么?历史证明,不靠资源,也不靠大跃进,靠体制机制。所以我们一定要加快体制的建设,不断改革。

邓小平曾经说过,中国经济要有两个 30 年,第一个 30 年到世纪末,人均达到 800 美元,2000 年中国超过了 1000 美元,还要有一个 30 年。我们今天正好是前后两个 30 年的交界点,是后面 30 年的起点。而这个后面的 30 年,需要在更高层次上去发展。狄更斯有句非常著名的话,这是个最好的时代,也是最坏的时代。我们换一个说法,这是一个最有希望的时代,也是一个最具挑战的时代。邓小平说,如果我们再发展 30 年、50 年,我们可以接近中等发达国家的水平,到那个时候,我们才能说,人口众多的中国对人类做出了贡献。我想,我们这代人非常幸运,在上下 5000 年的文明史中,我们今天可以非常理性、非常清晰、非常冷静地看到这个目标,而且就在不远的将来,很有机会实现,我们不应该辜负时代赋予我们这样的机遇。

第二,突破中等发达国家陷阱。关于中国经济的长期前景,无疑大家都是看好的,但对于近期和中期的发展,有很多人都非常担心,如对中等发达国家陷阱的问题,事实上世界上很多国家都未能跨越,中国能不能突破中等发达国家陷阱呢?

任何国家都很难轻松越过历史上很多国家未能越过的"中等发达国家陷阱",这需要有很多层面的努力和改革才能成功。这些改革,简单地说,最主要的还是以市场化为取向的改革措施。

我小时候生活在中国的鱼米之乡江苏,对那一段生活最深刻的两个记忆来自"文化大革命"时期,一是,勉强能吃饱饭,二是,一年只能吃到一条鱼。每年年底生产队把河里的鱼全部捞上来,村里每个人去抓阄儿,抓到的就分到一条鱼,一年就这一条,想要再吃,明年这个时候再来抓阄儿。2000年的时候,我从美国回国工作,偶尔到清华大学去查资料,进了学生食堂,发现每个学生的碗里都可以有一条鱼。我就想,这20年中国发生了什么变化?为什么一下出现这么多的鱼了?河没有增加,很多甚至填了盖了房子,水没有增加,有些地方还被污染了。什么变了?只变了一样,从计划体制走向了市场体制。河少了,水少了,但老百姓的积极性调动起来了,他挖一个池塘,挑灯夜战,于是吃鱼不再是个问题。

20世纪80年代的时候,有一个美国人写了一本书,《谁来养活八亿中国人》。今天中国已经13亿人了,有相当一部分人在减肥,吃饭不再是问题。我想,中国经济的改革历程始于一个产业的市场化,这个产业叫农业,包产到户,释放出了巨大的生产力。市场化的改革随后扩展到了其他的各个领域,才有了中国经济过去30年的巨大增长。中国经济未来若干年的发展,在很大程度上仍然取决于在各个领域中如何去继续推动市场化改革,释放新的活力。

当然,我们都应该清醒地认识到,改革开放30年后今天的中国,较改革初期有巨大的进步,但也不可避免地面临更加复杂的局面。未来若干年中,最重要的领域之一,就是金融领域的市场化改革。未来中国经济的增长率,究竟是百分之几,可能并没有那么重要,因为即使某一天我们的经济总量赶上美国,我们也必须清醒地认识到,那时我们人均GDP大致仍然只是美国的1/4,我们和发达国家在很多制度建设上的差距也可能还是很大的。我们应该和能够做的是,继续推动以市场化为取向的改革,同时兼顾稳定和协调等其他因素,结合中国人民对于市场经济的热爱和创业的活力,去创造更高的经济文明和社会文明。

我记得一个寓言故事,大意是,一位行者问路边的老人,到达目的地还要多长时间,老人说,你往前走,行者不解,往前走了几步,老人告诉他,还要一个小时,行者问,你刚才为什么不告诉我,老人说，我不知道你走得多快。所以我想，中国经济会怎样，乐观还是悲观，并不是上天已经注定，我们更不应该去占卜，未来其实是在我们大家每个人的手中，看我们怎样去推动改革。

第三，资本市场的改革是一个结晶过程。资本市场的改革一直在推进，进入资本市场的尝试也越来越广。如全国社保基金在过去10年左右的时间里，通过股票和债券等各类资产组合投资，大致实现了年均9％的收益，与中国经济增长率相当，这是一个非常有益的尝试。需要特别强调的是，进入资本市场的投资方法并没有太多神秘之处，更不是巫术，而是国际上通行的一些投资方法，无非就是刚才说到的资产配置、管理人选择、风险管理、绩效评估等一整套方法，并根据中国国情进行了一些调整。实践证明这一套方法是基本可行的。

资本市场体系的建设，涉及到各个方面，也是个系统性工程。其中，资本市场本身，更是必须要加快改革的步伐。

我记得上大学时学习物理和化学的时候，结晶过程给我留下了非常深刻的印象。结晶时，处在液态的分子首先会形成一个簇或者叫晶核，这时结晶是一个可逆的过程，有很多分子向一起聚集，同时也有很多分子在散开。但是，一旦这个晶核达到一定的临界体积后，这个过程就会成为不可逆的了，越来越多的分子会簇拥而来，并最终形成一个晶体。我有时想，资本市场的改革也是如此，尤其是系统性改革，我们不能等待，我们必须从多个方面去加以推动。也只有我们大家在各自不同的领域里一点一滴地去积极推动，在某一个时刻，它就会达到临界体积，突破临界点，成为不可逆。

基本宪法秩序下的改革突破

党国英[*]

现行基本宪法秩序之下，改革的空间仍然很大。当然，如果这个空间没有得到利用，后果将完全不同。而这个空间能否得到利用，很大程度上取决于改革领导者对时局的判断以及改革者的智慧、勇气和谋略。智慧和勇气是先天的、偶然的，也是无从讨论的；而关于时局判断和改革谋略的建立，则需要一定层面上的充分讨论，由此可使改革领导者扩大信息来源，避免因特殊的信息过滤机制的影响而产生决策失误。

一、中国改革的历史背景

认识中国改革的历史背景，有利于建立清醒的改革意识。

1. 一般历史背景：中西社会的一个比较

若将人类文明史作大跨度的划分，可分为两个阶段。先是军人统

---

[*] 中国社会科学院农村发展研究所研究员、宏观经济研究室主任。

治时期，后是民主政治时期。在军人统治时期，皇帝或国王实际上是军事领袖。中国历史上创造了文官制度，但文官还是受制于军事领袖——皇帝。

在军人集权时代，中西社会的分权状况有较大不同。西欧社会的公共权力系统存在一种"外部分权"，政府之外有宗教和自治城市对于军人政府的分权。在这个时代，任何国家的商业社会都有不同程度的自治，西欧社会尤其如此。大部分历史时期，西欧社会的王国比较小，王国之间的竞争也是一种分权因素。王国内部也有不同等级的贵族分权，即所谓"贵族之上的贵族，不是我的贵族"。西欧军人政府比较习惯于分权政治。总之，集权不是绝对的，某种程度的分权总是存在的。

中国军人集权程度超过欧洲。尽管中国中原地区的军人政权经常遭遇周边陆地游牧部落的侵袭，但军事综合实力总体胜于边缘部落。与西欧社会相比，中国军人集权统治存在一种"内部分权"。一是中国发明了科举制度、文官制度，在皇权以下对军人权力形成了钳制。二是大部分历史时期"皇权不下县"，基层社会通过"乡绅"实现治理。中国多数历史时期设立了常规军，没有在基层社会产生"军民一体"的战争动员体制。而西欧社会每一个贵族领地都是一个军事单元，并没有常规军。早在中世纪，欧洲就出现了摆脱了封建主和王朝的封建义务的城市自治体，这在中国是从来没有过的。中国的文官是依附于由军事领袖变成皇帝的奴婢，所以，马克思说中国古代实行的是普遍的奴隶制。至于中国古代的商人，要么是官商，要么是在夹缝里生存的私商，都无独立的财产权或财产权的保障。顾准先生一针见血地指出，在重农抑商历史传统下的中国商人，只会当西门庆，舐一些太监的唾余，绝不敢要求政权。中国的宗教也是军事共同体的附庸。

中西社会历史轨迹的差异，决定了它们实现社会转型的方式和难度不同。

2. 转型的艰巨性

历史上，不论中国和西欧的军人集权有什么不同，其共性却是一致的：它们都是在公共领域维护政治特权的社会，区别只在于这种特权受到制约的关系不同，以及特权侵入私人领域的程度不同。

特权政治适应于物质匮乏的农耕社会，但不适应商业社会。马克思曾指出，商品是天生的平等派。商品社会的原则与特权相冲突。军人集权在物质匮乏时代可筹集到基本公共品供应的财力，但商业社会需要复杂的专业知识，军事贵族却不能提供。如果军人直接领导商业活动，全社会必须付出另一重学习成本，这是不可能的。为此，特权社会需要转变。全社会需要民主的办法塑造公共权威，军人或军事领袖必须大大退出公共活动范围，成为职业军人；政治家要独立出来，对全社会负责，而不是仅仅维护一个军事利益集团。说到底，社会变革就是要解决这样一个核心问题。

因为欧洲社会军事贵族统治本身已经有一个"外部分权"的基础，取消贵族特权的革命相对容易一些。西欧社会的转型有几个显著特征：一是"革命"尽管也有刀光剑影，但真正的冲突主要发生在上层社会，没有出现将国内各阶层裹挟进来的长期的国内战争；二是民主政治进程并不是一蹴而就，而是从上至下逐步推动；某些国家基层社会的转变甚至延宕至今日；三是转型过程不仅发生了"王国"版图的大调整，更使民族国家得以诞生，可以说民主政治发育过程就是民族国家的兴起过程。

中国社会因为没有"外部分权"结构，取消军事贵族特权、建立一个向全社会负责的公共政府殊为不易。内部分权固然使贵族集团不至于铁板一块，但要从这种分权结构中分离出公共政府，却十分困难；在和平时期尤其不易。中国不仅没有西欧那样的自治商业社会，反而长期存在"城市统治农村"的权力结构。西方列强侵入中国以后，西方的商法原则才逐渐传入中国，制造业和大规模社会分工在局部地区也开始出现。一旦出现较强的政治分权形势，这种萌芽就会迅速成长。据袁伟时先生的研究，中国经济在义和团运动直到上世纪20年代曾有过高速增长，工业增长率保持在10%左右。但这种夹缝里的增长因为没有稳定的商业法权保障，注定不能长久。

3. 中国转型的后发优势

当代中国改革之前，一直有明显的军事共同体性质，包括1949年到1978年这个时期。中国基层组织曾长期配备武器装备，一直到1978年以后逐步取消。中国真正由传统社会向现代商业社会过渡，从1978年以后开始。

欧洲社会特别是西欧社会转变的逻辑是：先用上千年的时间发育了一种社会分权机制，然后在精英阶层发动宪政革命，最后再在整个社会肌体上解决宪政问题，从而创造一个民主法治社会。中国的改革难道要复制欧洲社会转变的历程么？当然不是。固然中国古代社会没有创造一个多元化的分权社会，但她也不需要再用上千年的时间卸下历史包袱，去准备自己实现历史过渡的条件。

中国改革存在"后发优势"。中国社会的世俗化特征决定了中国的包容性，她的国门一旦打开，西方世界技术文明、经济文明如洪流浸淫沙漠一般被中国所吸收；中国30年里做了西方人千余年做的事情。中国政治的包容与开明也远甚于300年前西欧国家。

西方历史上的外部分权让它们的转型变革曾经充满了剧烈的动荡；它们的政治文明已经建立的事实，构成开放背景下中国政治的一个有限的外部分权因素。中国政治家仅仅把西方文明看做自己独立行动的参照系，他们在国家权力的支持下，能够按照自己对转型变革的理解去独立安排改革的进程。这是中国渐进改革内生的逻辑。

最根本地说，我们的社会已经不再是一个典型的军事社会，但军事社会的某种逻辑还存在。例如，主宰我们意识形态的一个主要逻

辑,即关于公共权威合法性的逻辑,实际上还是一个军事社会的逻辑。但这个逻辑的延伸链条已经在发生变化,例如发展民主政治的愿望出现了。2005年,胡锦涛总书记在中共中央举办的省部级主要领导干部提高构建社会主义和谐社会能力专题研讨班的讲话中指出,中国所要进行的改革,是要建设一个"民主法治、公平正义、诚信友爱、充满活力、安定有序、人与自然和谐相处的社会。"

政府的执政理念不只在文本意义上发生变化。中国改革的首要成绩是执政党执政理念在文本意义上的全面转变。坚持以人为本,尊重人民主体地位,发挥人民首创精神,保障人民各项权益,促进人的全面发展,是中国共产党给自己历史使命的最新定位。在执政党转变自己理念的同时,要求社会大众树立公民意识,而公民意识的内涵被定义为社会主义民主法制、自由平等和公平正义的理念。执政党理念和公民意识的文本意义固然和改革的现实仍有不小距离,但我们不要忘记,西欧的转型变革也曾有过文本变化先于现实革新的历史阶段。

中国改革的本质是在基本宪法秩序稳定的条件下,解决类似西欧社会中世纪的分权问题。分权仍然是两个方面,一个是体制内部的分权,另一个是体制外部的分权。

1970年代末至1990年代初,是中国当代社会迈向多元化的起步时期,经济领域里的突出标志是国家放松了对农村和农民的控制。放活了农民,就放活了这个国家的多数人口。食品供应迅速增加,工业品日渐丰富,城市中出现了农民工,社会有了活力。多元化的另一个标志是大学教育开始吸收和传播新思想,新一代大学生给正在扩张的媒体服务业、法律服务业提供了源源不断的工作人员。尽管这些服务业大多受到政府的控制,但本质上这些行业的工作人员具有自由职业的特点,这种职业特性决定了他们最容易保持独立意识。

1990年代以后,中国社会的多元化进程大大加速。最能表现社会生活多元化的特征是社会就业结构的变化。1990年到2007年，在国家部门就业的劳动者减少了38%，而同期城镇就业人口增加了72%。这个变化的意义非同寻常。更多的人可能感觉到他是为自己工作，而不再讲那个"吃某某的饭"的口头禅。

"让一部分人先富起来"这个口号的意义超过了对效率的强调。它冲击了分配关系，同时也冲击了人们脑袋里的秩序。眨眼间，中国的"基尼系数"就高过了市场经济发达国家，尽管劳资关系和城乡关系因为利益的分化出现了不和谐，但中国社会还在包容这种变化。

中国民间组织的力量也迅速成长壮大了。据民政部发布的统计报告，2006年我国民间组织数量比上年度增加10.6%，目前总量达到35.4万个。另据农业部发布的数据，我国农民新型合作社和农产品行业协会总数已经突破15万个，比较规范的农业专业合作组织超过14万个。城市里正在兴起各种形式的志愿者组织，特别是环境保护方面的志愿者组织十分活跃，引起国际机构的关注。

中国地方政府的"违轨行为"常常使中央政府头痛，但问题还有另一面。地方政治中不时冒出有创新意识的政治家，向社会显示他们的魄力和智慧。2004年，江西省的官员在他们那里推动村落社区的志愿者活动，云南的官员在一个县域范围里搞党政领导直选。此外，一些地方政府还在土地制度方面出台政策，与国家法规形成某种对立，如山东的农地抵押、广东的农村建设用地流转等。

中国深深地卷入世界经济，实际上形成了一种中国政治的"外部分权"。这方面的典型事件是中国加入WTO。1989年由8家机构制定的8套改革方案比起WTO章程实在是显得保守和妥协。那个时候，这些改革方案激进到难以被社会所承受的地步；仅仅一个价格闯关就惹了不小的乱子。事过境迁，时代变了，变到十几年前人难以想象的地步。中国外贸总额一举突破了1万亿美元，外贸依存度达到了

70%左右。从北京奥运会到"三聚氰胺"事件,一正一反,人们确切感受到,中国有了一个"国际约束",受到了国际规则的管辖,就像欧洲国家受到欧盟约束一般。

中央政府作为中国政治最高权威,近些年的经济策略在某些方面越来越表示出立场中立的特征。典型的案例是中央政府对资本市场的控制。中国资本市场已经日益多元化了,几大银行不再是资本运作的垄断者。证券营业部、各种基金、20余家国外金融机构组建的QFII已经是高度组织化的社会单位,面对上市公司,使尽浑身解数为自己的短期和长期的利益而努力,广大散户投资者也在用"脚投票"的办法参与博弈。中央政府能根据大量上市公司是国有控股企业这一事实而始终实行帮助他们圈钱的政策吗?不能。我们看到了监管机构的政策线移动的轨迹,这就是逐渐由偏袒一方走向中立。分税制的出现,是一个权力中心下移的典型事件。以至杨小凯先生说我们有了一个"财政联邦主义"体制。

中国社会的多元化还与新兴产业的兴起和传统产业的更新有关。电信这个东西本来最具有垄断性,但我们现在知道,信息产业部被撤并了,网络通讯兴起了,以至中国邮电大学教授阚凯力先生说,我们将来会有一个完全免费通讯的时代到来,他还说由此看到了实现共产主义的依据。

以"分权"为核心的多元化发展不仅没有让中国人的天塌下来,相反,中国社会经济以空前速度崛起,令世界瞩目。2008年美国《新闻周刊》首期的封面文章是谈论中国崛起的文章,其标题是"一个威猛而又易垮的超级大国的崛起"。这篇文章引述劳伦斯·撒默尔的分析说,在200多年前的工业革命时期,一个欧洲人一生的生活水平上升了50%,而当今中国的一个人一生的生活水平会上升10000%!还是笔者曾讲的那句老话:国家给人民一份自由,人民就会使国家百倍地灿烂!

二、进一步"解放"思想

在基本宪法秩序稳定的前提下深化改革,必须进一步解放思想,建立更清晰的改革理念。

1. 建立公正,使意识形态"社会工程技术化"

邓小平的"猫论"所包含的理性光辉是我们对待意识形态的思想基础。"抓老鼠"是一个工程技术问题;同时,选择什么样的"猫",也应该是一个社会工程技术问题。不能把任何意识形态标准先验地固定为一种涉及"是非"和"善恶"的标准。社会意识形态的核心是社会公正问题,抽象地说,公正作为一种权利要求,它不可交易,不可通过投票剥夺;但具体地说,如何建立公正仍然是一个社会工程技术问题。

2. 尊重私权,树立"私权先于公权、自由先于民主"的观念

任何权利或权利系统的某个方面,只要权利当事人行使其权利时不产生对其他权利当事人的损害,就是私权。通常,对经济学定义的"私人物品"的处置权便是私权。一个合理的社会,应有私权行使的自由。自由不是无条件的,但自由对于私权的行使是绝对的。

当个人行为产生对他人的影响时,需要一定范围的权威系统对个人行为进行调节、约束,权威系统因此行使的权利便是公权。通常,对经济学定义的"公共物品"的处置权属于公权。公权规定了私权行使的边界。

在军事贵族的集权统治下,不仅公权的合法性确认与行使无民主可言,公权还会严重侵害私权。这种公权对私权的侵害既干涉了自由,破坏了平等,还降低了经济效率。

一个社会如果不尊重私权,公权就可能被滥用,最终公权会成为一小撮强权人物维护和扩大私利的工具。私权越是得到尊重和维护,公权就越有可能成为维护公共利益的工具,也越有可能有效约束个人

行为。因此,私权应先于公权。

当公权按照民主原则组织和实施时,公权也不能侵害私权。一个社会如果没有人人行使私权的自由,民主就可能产生"多数人对少数人的暴政"。私权越明晰、越巩固,公权才越有可能真正在公共领域发挥作用。因此,维护私权的自由应先于民主。

3. 区别公有产权和公有经济,不能在二者之间画等号

按法学理论,公有产权即是国民的"共同共有产权",包括"国家(全社会)共同共有产权"和"社区共同共有产权"。通常,这种共同共有产权应限于公共领域,例如,对于全社会的基础设施应建立国家共同共有产权,即建立国家所有制;对于一个社区的公共设施,应建立社区共同共有产权,即集体所有制。

但是,当个人行为超出私权范围时,公权应予干预。这种公权对个人行为的干预本质上是对个人权利的分割,也是公有产权的一种形态。因此,对于一个现代国家,即使私有经济的比重超过国有经济,也因为公权实现了对私营经济的权利分割,可以认为公有产权仍在全社会占主导地位。进一步说,公有产权的覆盖范围要大于公有经济部门。公有经济部门可以很小,但公有产权的范围可以很大。

同样地,集体公有产权也可以大于集体经济。集体公有产权形式自古以来就存在,例如,社区道路、社区宗教设施、基于宗法关系的祭祖设施、社区公学、社区公地(通常以低租金租给穷人)等等。这种集体产权,通常只涉及社区的公共生活,与社区的平等和秩序有关,而与社区农户的经济活动无关,所以,它不能等同于集体经济。

集体经济在历史上很少见。19世纪有空想共产主义者做过一些实验,很不成功。目前在以色列有存在多年的集体经济,但它与以色列处于战争状态有关,且效率相对不高,特别对年轻人缺乏吸引力。中国目前的农村集体经济已经有了较大变化。从理论上说,集体产权有其存在的根据,甚至可以说它会伴随人类社会永久存在。但集体经

济则完全不同，它只是一定历史时期的政治产物。我们需要集体产权，但不需要集体经济。集体产权具有合理性，并不等于集体经济具有合理性，这个新理念需要树立起来。

4. 要正确认识土地公有制的内涵

社会主义社会的产权结构应包括公有制，甚至可以说公有制应占主导地位。农村集体经济资产主要是土地。笔者主张在土地产权关系上要重新认识"公有制"的内涵。其一，国家对公共性极强的土地可以实行国民共同共有，建立土地的国家所有制。我国70%以上的国土不能直接成为企业和个人从事经营性活动资源，而只是一般公共资源，可以实行国家所有制。其二，国家对其他土地的使用进行用途管制和规划约束，用税收杠杆对其"公共性"导致的成本和收益进行调节，也是土地公有制的实现形式，而不必对这些土地直接建立国家所有制。通常，这些土地的使用需要利用市场关系，其所有权制度可实行按份共有或社区共同共有。其三，公有土地的使用权也可以"物权化"，成为公民的财产，例如农民的土地承包权可以通过"长久不变"政策成为农民的土地财产权。国家要像保护类似农民的私人存款一样去保护他们的土地财产权。

按照这个思路，土地公有制其实无处不在，只是公有的形式不同而已。在这个理念基础上安排土地制度改革，我们将会摆脱很多束缚，建立起城乡统一的土地市场，提高土地资源的配置效率，为建立适度土地密集型农业、提高我国农业竞争力创造制度基础。

5. 肯定中产阶层巨大历史作用，创造鼓励中产阶层成长

在现阶段，我国的中产阶层包括政府官员和国有企业经理人员，包括民营企业经理人，也包括新闻记者、大学教授、律师以及收入稳定的各类自由职业者，其中民营企业经理人对自主发展有最强烈的需求。中国农民也需要自主发展权，他们中的少数已经进入中产阶层队伍。未来要把有稳定就业岗位的一般劳动阶层转变为中产阶层。

中国经济观察

　　中产阶层要由一种生活方式、一种价值观来定义。理性、宽容、勇敢、节制，是人类最尊崇的生活态度或美德，也是中产阶层的精神规范。中产阶层对社会制度有高度认同和建设性态度。中产阶层的品行不是天生的，它至少需要两个条件才能成为一种社会存在，而不仅仅是学者的纸上风云。

　　中产阶层作为一个整体，必然伴随生活的逐步富裕而壮大，而生活富裕是他们自己的劳动果实。这是第一个条件。说精神需要物质滋养，可能失于肤浅。更符合逻辑的是，贫穷作为社会的常态，它必然产生奴役，而奴役之下必无完整的中产阶层精神世界。但物质丰盛并非一定会滋养出中产阶层的精神世界；如果一个人一个阶层借特权而脑肥肠满，必然产生罪恶感，哪怕这种罪恶感并不是他们的自觉意识。有罪恶感的人绝无谦和中庸的中产阶层风范。

　　中产阶层的精神世界是一种公共产品，而公共产品的健康必然依赖公共部门的公正性。这是中产阶层精神世界得以存在的第二个条件。用中共十七大报告的话来说，就是一个社会要"树立社会主义民主法制、自由平等、公平正义理念"；这种理念首先应该是执政的圭臬。公共部门的公正性又依赖自由和民主制度。自由使公共权威压缩自己的权力空间，民主使公共权威坚守政治市场的竞争原则。不能想象一个社会存在绝对权力的公共权威而能使理性、宽容、勇敢和节制诸美德成为主流风尚。如果这些美德总会使其人格载体贫困潦倒，我们就难以想象美德的示范作用能够滋润社会。

　　拥有独栋房屋，对中产阶层有象征意义。中产阶层的主要财产形态是房屋。中国城市的中高收入阶层所支付的高房价，主要是为土地支付的，但在中国的法律上，百姓不能拥有土地的所有权。土地的使用权规定为70年。这种情形让中国中高收入者气馁，不可能有中产阶层心态。大部分中国家庭拥有独栋住宅还具有重大的经济意义。维护独栋住宅会产生远大于单元房的支出，有利于第三产业发展，扩大就业规模。

我国土地资源总量不构成对中产阶层拥有独栋房屋的限制。我国缺少的是优质耕地，而不是建造独栋房屋的一般土地。依笔者的研究，只要国家有一个合理的土地利用规划，完全可以在保障优质耕地继续增加的前提下，提供满足中产阶层需要的独栋房屋用地。

中产阶层的成长有利于实现社会公正，有利于社会稳定，有利于分工的扩大，从而有利于经济发展。

主张培育中产阶层不是说对弱势集团可以不管不顾。事实上，我国现阶段的中产阶层大部分来自社会的弱势集团。

三、深化改革的目标与难点

建设一个民主法治、公平正义、诚信友爱、充满活力、安定有序、人与自然和谐相处的社会是深化改革的目标，实现这些目标需要做很多工作，有的工作涉及深层体制弊端，需要通过改革攻坚完成，而有的方面则可以自然发展，水到渠成。

社会转型的本质是现代国家的形成。按照美国历史学家斯特拉耶的说法，现代国家形成之前的国家形态，先后是蛮族统治、封建政体、初级的法制国家、领土主权国家。这些前国家形态的共同特征，是以军事寡头的暴力统治为政权基础，军事暴力的重要指向是本国人民。现代国家有这么几个特点：(1) 公权与私权合理配置。这个特点非常重要，在民族国家形成之前，公权与私权没有明确边界，公权可能过多的渗入到私人生活领域。(2) 民主政治建立。(3) 地方自治。(4) 政教分离。我们要通过艰难改革，推动社会转型，将中国建成一个现代文明国家。

纵观世界已经实现成功转型的国家的历史经验，改革的难点无非集中在三方面关系的调节，第一个是国家与社会的关系；第二个是中央与地方的关系；第三个是劳动与资本的矛盾关系。

认定以上三方面的关系是我国社会生活的难题,完全基于国家转型时期的现实考虑。若做一般分析,我们无法确认在集权和分权之间究竟哪个好,也无法确定在专权和民主之间究竟哪个好,甚至在劳资关系之间,若以工资为标准,我们也很难说什么样的工资单价水平意味着劳资关系的和谐。但如果从现实关系出发,我们还是可以说,在中央和地方之间,我们是集权多了,分权少了;在国家和社会之间,我们是公权过大过多,私权过弱过小;在劳动和资本之间,则有一种微妙的状况,一方面我们对私人资本的权益保护不够,但另一方面我们却放纵了资本对劳动的盘剥;劳动保护方面的法规白纸黑字摆在那里,但常常形同虚设。

强调以上三种关系的调节,有以下若干理由。

第一,这三方面的改革将为创造和保持社会活力提供制度基础。创造和保持社会活力,增强社会经济的运行效率,完全符合人的本性要求。连罗尔斯这样十分看重社会公正的思想家也对人性做出这样的判断:每个人(在利益分配中)都更喜欢较大的份额而非较小的份额。① 适应人的这种本性要求的制度是保持社会竞争性的制度,包括市场经济制度、地方分权制度和社会民主制度等。劳动市场容易成为不完全竞争市场,在劳动的需求方(资本)和劳动之间,劳动者的利益容易受到损害,从而牺牲社会活力,也牺牲社会公正。

第二,这三方面的改革是确立社会公正的决定性因素。劳资关系的调整使劳动者的权益得到保护,这是社会公正的前提。劳动市场上的收益分配把个人天赋和家庭资源完全看成了一种私人化的因素,并常常放大了人的收入能力的差异,使实际收入的分配很不平等。我们有理由把个人天赋和家庭资源看作一种人的先天偶然获得的因素,那

---

① 参见〔美〕约翰·罗尔斯著:《正义论》,中国社会科学出版社2009年版,第2页。

么，这种不平等就是不公正。克服这种不公正就是公权运用的任务，因此公权产生方式（核心是国家和社会的关系）和配置方式（核心是国家权力体系的构造）就十分重要。基于军事暴力的前国家形态总是使公权配置的重心过高、公权容易成为少数人的私器，不能有效克服社会不公正。

第三，这三方面的改革是形成社会稳定结构的关键步骤。社会稳定不仅为当权政治家所需要，也为民众所必需。罗尔斯把社会合作、社会效率、社会稳定和社会正义看作相互联系的四个环节，认为社会稳定为社会正义所必需。他指出："怀疑和不满腐蚀着礼仪的纽带，猜忌和敌意诱使人们以一种他们本来要避免的方式行动"，社会的稳定性力量必须为社会正义的确立开辟道路[1]。理论研究以及当代各主要国家的政治经验证明，市场经济、民主政治、地方适度自治以及劳动者的权益得到充分保护，均有利于社会结构的稳定。

第四，这三方面关系的调整很难通过"发展"自动实现，很难通过"摸着石头过河"的办法走出困局。这三方面关系也是一个社会的刚性很强的基本利益关系。毋庸讳言，中央之于地方，国家之于社会，资本之于劳动，每一对关系中前者的利益更具有刚性，但同时也更需要"让权"、"分权"。如果没有更强有力的改革压力，这些利益层面很难主动实行权利的重新分配。它们更倾向于扩大自己的权利，而不是缩小权利。

四、改革风险及其避险改革路径

深化改革要尽可能降低风险。改革不夭折、国家不分裂、社会不对抗、政权可持续，应该是改革主导者愿意接受的底线。在这些底线

---

[1] 参见〔美〕约翰·罗尔斯著：《正义论》，中国社会科学出版社2009年版，第4页。

之上，才谈得上改革取得何种成绩。

1. 处理国家与社会之间的矛盾要规避改革失序和改革过快的风险

这方面的改革有两项具体任务。一是严格界定和约束公权，扩大私权。公权应限于国家安全维护、社会秩序保障、经济总量平衡、基础设施建设和社会基本公共品在民众间的公平分配。一部分公权可以交由民间组织行使。公权要保护私权、最大限度地扩张私权。二是确立合理的公权产生方式，建立以政治家专业化和政治家之间适度竞争为特点的民主制度。第二项改革本身有很大风险，而第一项改革在尚未获得没有重大进展前贸然进行第二项改革，会加剧第二项改革的风险。

公权过大会使各级政治家获得过于优裕的生存资源，并使政治舞台成为他们的基本生存手段，他们会倾向于排斥民主制度，使民主制度的推行产生很大的社会动荡。

在时机不成熟时贸然全面建立民主制度，会产生国家分裂的危险。民主政治的功利意义无可怀疑。更确切地可以这样说：民主政治在一定条件下是个好东西。但民主政治形成过程中的风险的确不可忽视。在民主政治条件下，政治家是向下对选民负责，向上对法律负责。政治家为了当选，要用成本最低的方式为自己建立选民共同体，为此，他们要用最低的成本制造或利用共同体成员间相互认同的政治符号。那么，什么样的符号，什么样的旗帜能产生最强大的认同感呢？历史的经验告诉我们，人的肤色、语言、民族特性，最容易被政治家利用，作为拉选票的一个手段。其后果就是一些区域的老百姓可能在新崛起的政治家的鼓动下裂土为邦，这个风险可致使一个国家社会经济停滞几十年乃至上百年。

第二次世界大战后一些国家在"红色革命"后未能很好处理民族问题，给后期的民主改革留下了隐患。民族融合是长期趋势，特别是亚类民族的融合更应在现代经济迅速推进下加快实现。"红色革命"后的国家在建立地方治理体制时本应顺应民族融合的趋势，但实际上却建立了各种各样的"自治区"或"自治共和国"，并多采取了限制人口流动的政策。这种名分成为后期民主改革中新兴政治势力可资利用的创建选民共同体、进而裂土为邦的手段。

也许某些转型国家在民主政治推进中根本就无法解决民族分离问题，这成为我们难以免除的心痛。但笔者相信，在市民社会高度发育的条件下，由民主政治改革带来民族分离的风险会大大降低，至少会采取平和得多的分离形式。前南斯拉夫联盟的悲剧是一般民众所不愿意看见的，但不排除某些领域的政治人物心向往之。

降低民主政治改革风险必须要坚持渐进改革方针，而关键点有三条，一是树立自由先于民主的理念，通过深化产权改革，大幅度扩大私营经济部门。特别要通过土地制度改革确立的农民的土地财产权和城市中产居民拥有独栋房产的条件。二是通过党内民主改革先走一步的办法，使党内先形成新的政治秩序，逐步扩大到全社会。三是通过实体改革促进中华民族认同感逐步巩固的制度基础的建立，其中重点举措是全面调整中央和地方的关系。

2. 处理中央和地方关系也要规避改革失序的风险

近些年中央和地方的关系令人有失序之感。大量地方的区域发展规划被"上升为国家战略"，可以说是"地方出题，中央画圈"，中央看似主动，实则被动。近几年还不断出现各种形式的"省部协议"，也是奇怪的事情。国家某部局和某省达成了一个协议，其他省能不能要求一个"最惠省待遇"？在一个政治局委员做省（市、区）委书记的地方，中央的一般部委办怎么在那里履行职能？中央该管的事情未能管好，不该管的事情又管理许多，权力配置无章可循，实在不可继续下去了。

中央和地方关系的调整具有下述特征，方称得上合理：一是中央

和地方各级政府之间的关系,以及各级地方政府之间的关系,完全用法律来确定,实现法制化。任何一级地方政府对辖区事务均应有立法权,约束条件仅仅是地方法规与上位法不冲突;二是全社会的公共事务权力由各级政府合理分配,按照"凡是通过改革而使地方政府能办好的事情都交给地方办"的原则来确定中央和地方政府之间的分工。

地方自主权增大以后,有可能会发生影响国家统一、稳定的事情。我国许多省份很有自己的特殊性。有的省(区、市)经济实力非常强大,有的省(区、市)资源储备巨大,有的省(区、市)人口众多,还有的省(区、市)辖区面积广阔。从长远看,这种特殊性或不平衡性并不能构成一些省(区)裂土分离的条件,对此我毫不怀疑。但是,在民主政治的初创时期,一些新崛起的政治家利用选区的特殊资源而采用激进的政治立场提出过分自治乃至更极端的政治要求,也是有可能的。

为防止这种情形发生,改革应注意几个关键点:一是在增加省级行政区数量的基础上深化行政区划改革。大东部地区几个呼声很高的城市应该尽快变为省级行政区,大西部地区也应增加数个直辖市或省级行政区。农区和山区的县可适当合并,减少数量,并直辖于省。在此基础上大幅度扩大地方自主权,明确划分各级政府的行政权限;二是先在党内严格规范中央和地方的关系,规范和扩大地方党组织的权利。可考虑在党内取消上级组织对下级组织领导人的任命,每一级党组织的领导人由本级党组织的委员会选举产生;三是把民主政治改革与中央和地方关系的改革结合起来统筹安排,可考虑民主政治改革在党内从下至上,在社会上从上至下,极慎重地在社会范围内推进民主政治改革。党内民主政治改革要和廉政制度建设结合起来,全面借鉴香港政府的廉政制度。

3. 建立和谐劳资关系要规避改革太慢产生的风险

生活水平低下的穷人并非没有政治诉求,事实上他们是激进政治领袖的社会基础;他们平时可以不显山露水,但一旦被激进政治领袖利用,必是难以对话的群体。所以说,城市兴起了,但城市如果是以原子式的穷人为主体,实在是政治风险很大的事情。

不要以为中产阶层的壮大只是经济发展的后果,政府的中短期政策对此无所作为。有利于中产阶层崛起的最有效的中短期政策,是用以调整劳资关系的劳动政策、收入调节政策和社会保障政策。这些政策通归起来是社会分配政策。表面上看,收入分配的调节只是货币额的分配,不能直接创造财富,也不能直接推动中产阶层的形成,其实不然,中短期政策促使劳动成本上升,迫使资方更新技术,用资本替代劳动,会促进社会分工,提高经济效率,从而加速中产阶级的形成。这个过程也是制造业相对收缩、服务业相对扩大的过程。

一方面大学毕业生就业难,另一方面白领阶层存在严重的过劳死现象。"女人当男人用,男人当牲口用"这句话被白领们用来描述自己的生存状况。少数富人过着纸醉金迷的生活,并诱导一大批政府官员随波逐流,以致人们认为他们是不懂节制为何物的败德阶层。低端就业市场的情形更是令人忧虑,如货车司机的交通事故多是疲劳驾驶引起的,其他我们不用详尽描述。城市低端就业市场的工资单价甚至低于农业领域,以致农民工在城市拼过几年体力后回到农村算作一种修养。所有这些现象分开来看似乎算不了太大的问题,但集中起来看就不可高枕无忧了。

如果一定要讲调整劳资关系本身的风险,无非是短期内中国劳动成本明显上升,影响到中国产品的出口增长。这种影响不妨看作好事。只要工资增长不超过劳动生产率的增长,就不会引起通货膨胀。可能发生的是物价的结构性变化,如蔬菜、水果和肉类价格的上升,一部分服务价格的上升,但这种变化毋宁看作经济发展所必需。通过对发达国家劳资关系调整的历史考察,可以发现,适度缩减劳动时间(如严格的 8 小时工作制),提高劳动保护水平,有助于提高劳动效率，增进社会协调程度。

调整劳资关系的关键举措是严格执行各项涉及劳动保护的法律法规，制定行之有效的劳动纠纷案件侦查、诉讼规范，切实保护劳动者的劳动权、休息权、健康权和报酬权。国家机关应率先执行《劳动法》，严格限制公务人员加班，并严格依法支付加班工资。国家机关要通过下放和精简权力的办法减少文案工作，以减轻工作负担。改变部门主导立法的现行格局，增强各级人民代表大会的立法功能，实现立法的专业化，有助于减轻政府机构的文牍工作。企业的工资集体谈判制度应全面加强。

民生三题

汤 敏[*]

民生问题是近几年的热点和难点问题。它不仅仅是一个增加投入的问题,其需要合理的制度安排以及体制机制改革的跟进。下面就民生投入的方向、如何通过减税实现国强民富以及如何通过教育模式创新促进民生事业发展,谈一些自己的看法。

一、民生投入要贫困优先

2012年"两会"给老百姓带来的最好消息之一是政府要加大民生投入。民生投入增加了更要注意分配的公平公正。什么叫公平?民生投入的平均分配并不是公平,更不是公正。拿教育资源分配来说,新增的资源,应该向农村倾斜,向贫困地区倾斜,向贫困家庭倾斜。就是说,民生投入,要贫困优先。

---

[*] 作者系国务院参事,友成基金会常务副理事长。

中国经济观察

我国的贫困问题还远未解决。按新定的贫困线,我国农村还有 1.28 亿的贫困人口。从规模上看,这比 1986 年我国第一次划分贫困人口时还略高一些。当然,这并不意味着中国扶贫没有取得成绩。而是说,中国的扶贫工作已经从解决绝对贫困到解决相对贫困问题了。低于新贫困线的大多数人已经大体上解决了温饱问题。但是,由于我国其他人群生活条件改善得更快一些,更好一些,这些人群还处于相对贫困中,他们的生活条件亟待改善。同时,我国还有 3000 万左右的温饱问题还尚未解决的人群,更需要对他们给予帮助。因此,新增的民生投入,应该首先要照顾这些人的需求。这公平吗?当然。这些人群本应该享受与其他人群一样的民生标准,但长期以来由于自然条件的差距,地区的差距,更加上公共财政投入分配的不公平,使他们的生活水准远落在全国平均水平之下。现在有了资源,应该首先补偿他们。举例来说,我国的教育资源配置,长期是城市优先,高教优先。农村,特别是贫困地区,从教学设施到教师资源,投入都极为不足。现在理所当然加紧补上。

民生投入也是投资,是对人力资本的投资。贫困优先,不仅是社会公平公正的要求,即使是从投资的角度来看,贫困优先也是最佳的选择。例如,给贫困家庭孩子提供一个好的教育,能使他们长大时找到好工作。这样往往能使整个家庭脱贫。反之,如果他们得不到好的教育,不但他的家庭需要国家财政的不断扶贫投入,很可能连他自己又沦为新一代的贫困人群,财政还得要扶贫。因此,扶贫首先要扶贫苦家庭孩子的教育,做到贫困不传代,就是这个理。

如何保证国家对民生增加的投入能用对、用好呢?从历史经验看,仅靠政府部门内部的监管显然是不够的。否则,贫困地区的教育不会还是如此窘迫。社会监督是必要的。而要使社会能参与监督,首先就要有透明度。各地有关部门要把民生的投入的金额到分配的细节都详细地公布。这是保证民生投入的公平、公正的最基本,也是最基础的工作。

当前社会上对政府"三公"支出关注度很高,政府部门也花了很大的精力来使公款出国、公款用车、公款消费更透明化,这是完全必要的。"三公"消费公布以后,虽说还没有完全解决这些问题,也毕竟起到了一些制约作用。但是与老百姓更直接有关的,也是老百姓更关心的,是政府民生方面的开支情况。应该建立一个财政公开机制,对政府民生投入实行先公开,全公开,细公开的新"三公"原则。

加强民生投入的透明度,可以先从教育领域开始。教育部门一直在呼吁财政加大投入。现在中央与地方财政都已承诺了教育投入不低于GDP的4%,管理教育的各级机构也有义务把这些钱是如何分配的,如何使用的,以及效果如何,向全社会、向全体人民公布,接受社会的监督。

最后,民生投入贫困优先的资源分配的原则,也应该成为政府其他财政资源分配的原则。财政支出应该是雪中送炭,而不是锦上添花。增加公共财政的透明度,建立一个群众广泛参与的监督机制,应该成为新一轮政治、社会、经济改革的重中之重。

二、减税要通过减支

近来,减税已经成了从政府官员到学者们热议的话题。我国税赋之重,从世界银行最近的一些报告中可略见一斑。按世界银行的计算,中国劳动者税率高达45%。这不但高于经合组织国家的平均水平,更高出美国、澳大利亚劳动者平均税率的一倍。还有学者还算出,如果按国际标准口径计算,我国的赋税占GDP的比例已超过30%,与发达国家十分接近。然而,我国财政在福利上投入水平,却远低于这些高赋税国家。因此,加大、加快结构性减税已成为社会共识。

在大家都在琢磨着要减什么税的同时,却鲜见认真地讨论应如何减少政府开支的问题。政府是靠税费来维持的。要减税就要减支,这是一个硬币的两面。有人说,我国每年财政收入增加这么快,减点税应该没问题。这话没错,但忽略了另一个重要事实。这就是财政收入增加得快,同时政府支出增加也不慢,有时甚至还更快。要不然近年来怎么年年出现财政赤字呢?不减政府开支而单方面减税,结果就只能是不断地扩大财政赤字。而这种方式是不可持续的。欧洲国家目前陷入的严重债务危机,就是前车之鉴。

然而,减税容易,减支难。减税,老百姓手里钱拿多了,企业负担轻了,当然是皆大欢喜。提减税的建议,写减税的文章都能得到一片喝彩。而减支,则要从某些部门口中夺食,逼一些既得利益的人群、得过好处的企业割肉,这都会触动很多人的利益,必然遭到强烈反对。提减支的建议,写减支的文章,也会遭批挨骂。

那该怎么办呢?至少在舆论市场上要逐渐树立一个风气,凡是提出减税建议的,写减税文章的,不管是学者、人大政协代表,或政府官员,应该同时拿出大体等量减少政府开支的建议。否则,就有不够负责任、有哗众取宠之嫌。

实际上,政府的开支还大有可减之处。一是那些不该大量支出的开支。如社会上诟病已久的"三公"开支,包括公费招待、公务车购置、因公出国费用等。"三公"消费到底有多少?至今还是个谜。有学者估计,2010年"三公"消费恐高达一万亿,占财政支出的一成以上。这里面应该有很大的减支空间。另外,各地大兴土木地盖豪华办公楼,花公款建大型广场,巨型花坛等等,这些都可以大大地减下来。应该建立一个严格的制度,建设办公大楼的开支要纳入到当地人大及上级政府的监督范围,并同时要将建办公楼的预算报告书向社会公布,严格履行公示程序;二是那些不该给的各种名目的补贴,那些以开发区,高新区,科技园,产业园的名义不计成本的巨大投入。关于这方面的文章已不胜枚举,这里就不赘述;三是那些既不公正,又不公平，超出我们现阶段发展水平的民生工程，惠民项目。促民生没错，但真理往前再走一步往往就成了谬误。以民生的名义发放的那些不可持续的福利，搞的那些惠民工程，短期内似乎得了民心，顺了民意。但在财政上是不可长期持续下去的。而且是"请神容易送神难"，这些福利措施一旦给出了，再想收回会极其困难。欧洲、南美等国陷入的财政危机的根源就在这里；四是能让企业去干的，能让社会去干的事，政府应该少参与或不参与，这样也能为政府省下大量的钱来。国际经验表明，很多的涉及社会管理的问题，如养老、扶贫、环保等，由政府自己来做，吃力不讨好。而外包给社会组织去做，不但能给政府省钱、省人，而且效率更高、效果更好。

我国的经济正在发生大的结构性变化。这个变化的最重要标志就是劳动工资的大幅上涨。一是因为劳动力开始短缺；二是政府的政策也开始着手解决收入分配问题。正在这时，在世界范围内出现了"第三次工业革命"，即以"数字化制造业"为标志的工业制造方式的一个根本性的变化。第三次革命的一个重要特点是制造工厂逐渐搬回发达国家。而劳动成本的迅速攀升又降低了我国制造业的竞争优势，加快了这种回迁。在这种两难的情况下，从提高政府支出的效率，压缩一部分政府不必要的开支，用减税来减少企业与劳动者的负担，不失为一种在日趋严峻的国际竞争中好的应对方式。

我国的改革也已经进入了深水区，而财政改革是所有改革中最重要的改革。财政改革千头万绪，很多地方都应该改。但是首先要从减支开始。把不该花的钱省下来，把不该管的事放出去，进一步的财政改革才能有经济基础，减税才有可能。从减支入手，才能给其他的改革腾出空间，腾出资源来，这与国、与民、与政府自身都是一件大好事。

三、创新教育模式：从耶鲁与北大的招生广告谈起

最近我发了一条很火的微博，估计全国有几千万人都看到过它。

中
国
经
济
观
察

在这条微博中,我把耶鲁大学学生做的一个招生视频与北大的一个视频链接都放在一个微博里,由大家看后进行对比。耶鲁大学的招生广告是由100多个学生自己设计自己拍摄的,视频中载歌载舞,画面十分活泼。在短短的几分钟中,就把年青人最想知道,也最容易被打动的耶鲁大学的几个侧面表现得淋漓尽致。最令我感动的是一对母女发的一则评论。看过视频后她的女儿说,她以后每天要看一次耶鲁的片子,这样写作业时才有动力。她妈妈则评论说,无论今后女儿能不能上耶鲁,她都由衷地感谢这个极为打动人的视频。

而北大的视频据说是北大艺术学院的一个老师带一批专业摄影师制作的。平心而论这个视频比我们其他大学八股式的招生广告好许多倍,画面很美,意境也很深沉。但是不怕不识货,就怕货比货,跟耶鲁的一比,差距就显现出来了。网上是骂声一片。当然,也有赞许北大片子,对耶鲁片子不以为然的,但数量很少,不到5%。

有人说,拿北大与耶鲁大学来比,本身就不公平。耶鲁是世界一流的学校,北大最多也只能是中国的一流。然而,这里比的不是两校的教学设备,教师师资,而是对学生的吸引力,是教学理念。人们常说西南联大是世界上最短命的大学,只存在了7年。它的教学条件非常艰苦,学生在煤油灯下看书,教授在茅棚里上课。但西南联大却培养出了两位诺贝尔奖获得者,170多位院士和众多的大师。这说明不是今天学校的硬件条件不够,而是我们办学的理念、办学的方式出了问题。钱学森临终前振聋发聩的"钱学森之问":"为什么现在我们的学校总是培养不出杰出人才?"就是对我国当前的这种僵化的教育的又一个挑战。

一方面我们要加紧教育改革,迎头赶上。另一方面,要另辟蹊径,别把希望都寄托在现有大学都能成功改革这一个篮子里。应该采取邓小平当年改革开放的成功经验,建立一个大学中的"深圳",一个大学中的"特区"。在大学的池中引入一条"鲇鱼"。十年前我就曾

探索与争鸣

Exploration and Contention

在21世纪经济报道上写过一篇文章,幻想过如何办一个崭新的大学。这个大学应该是私立的,拥有相对不受束缚,非常灵活的全新机制。要能试一试用国际通行的办学方法与机制,有能够吸引与留住一流人才的能力,有能够筹集到巨额资金的新机制。另外,从大学校长到教授的选聘一定要有完全的自主权。不然的话,早期汕头大学的教训,近期深圳科技大学的尴尬都说明了,小打小闹地投入,半心半意地改革,都改不出名堂,难以出现中华民族未来发展所需要的一流大学。

除了按国际通行的方式来办一个传统意义上的一流大学之外,还可考虑根据21世纪的特点,在我国办一个更新模式、更大影响、为更多大学生服务的新大学。一些资料表明,在网络化、全球化的今天,大学教育也在酝酿着革命性的变化。美国大学本科现只有20%是采取18~22岁在校园住宿、上课传统模式的。从学习的内容到学习的模式都在发生根本性的变化。我在最近的几个微博中提出了这样的问题:未来的大学生为什么不能在网上听由数个诺贝尔奖大师们开的物理课、经济课、化学课,通过考试拿本学校的学分呢?在无数大学中,为什么还要让那些倒了三手四手后的庸师们耽误大学生的时间呢?一个三本学校的学生看到我的微博后评论说:"我就是在三本学校的,老师上课真的不行,完全是打酱油的。很多人根本不知道自己要讲什么。东西拼命往简单的地方讲。这真是在浪费我们的青春。大部分人全部是图书馆自学的。"我们不应该为他们做点什么吗?

实际上已经有人在考虑这种方式了。盖茨与乔布斯就曾讨论过这个问题。他们的设想是未来教育模式可让学生们先利用网络自学,上课老师再针对学生疑惑解读。实际上,我国大学中的网络大体上都能支持视频教学。网络视频很快就能做成3D的了,除了不能与教授握手之外,在家中,在宿舍中都可以上课。网络教育的好处不仅能有最好的老师,严格的考试,更重要的还能做互动式学习。试想,每上一课,你可与几千个在全国甚至全世界的人在网上讨论、辩论、批判,创新、实验这些刚学到的新概念、新知识。这样的四年学习经历，你有可能学到自己真正能理解，能参与创造的知识。而且，没有校园的约束，没有学历的约束，工作后完全还可以用这样的方式终身学习，这是一个多么有趣的世界。

这种网络大学也有可能创造出新的科研模式。把老师围在学校中的科研模式，有极大的局限性。而在我们设想的新网络大学中，可能并不一定需要在校园中养很多大牌教授，而是把研究的重点放在跨学科的问题上，重要的是要创造出一种新的科研组织模式，一种成果分享机制，把全中国、全世界在几个领域的学者组织起来，把关心这些问题的企业网罗进来，共同研究与探讨一些跨学科、跨领域的新问题，通过网络不断的交流与创新。

有人说，连外国都还没有这样的大学，中国能先有吗？为什么不能呢？中国是一个大国，有全世界最多的大学生，但高水平的教师奇缺。我们的教育投入也很不足，远低于世界平均水平。穷则思变。一张白纸能画更新更美的图画。中国更应该采取这种大规模、高水平、低投入的方式来办一些普及性的大学。能不能在那些缺好教师的二本、三本学校中先尝试通过网络来上主要的基础课呢？那些学校师资不足，学校、老师与学生有强烈的改革愿望。能不能从那些大部分学校开不出，但学生又特别需要的课，集中全国的力量，甚至到全世界找最好的老师在网上开这些课呢？坦率地说，跟在别人早已驾轻就熟的模式后面，我国的大学在很长的历史时期内都很难赶上世界一流大学。而这样的网络大学的新模式，有可能让我们另辟蹊径，创造出一个世界第一也不是没有可能的。

广东的改革逻辑

姜 波[*]

2012年3月下旬，笔者在广州、佛山、中山、东莞、肇庆等广东各地进行了为期一周的深入采访，深深感受到一种改革开放排头兵的氛围与气魄……

一、转型升级，全面改革

如何跨越中等收入陷阱？世界银行的报告认为，"从历史上看，几乎没有哪个国家实际驾驭了出现的复杂的技术、社会和政治挑战。"迎接挑战！中国共产党人把"科学发展"写在自己的旗帜上，其主要路径是"加快转变经济发展方式"。广东的具体实践是，以"转型升级"为抓手，在经济、行政、社会、文化等领域进行全面改革。

2007年，广东经济社会发展进入一个关键的节点。经济总量连

---

[*] 作者系经济日报导刊部主任。

续超过香港、新加坡、台湾，与韩国的差距在缩小。这一年，广东的人均GDP达到4273美元（深圳、广州已经达到1万美元），比全国提早3年跨越4000美元大关，也就是进入世界银行界定的国际中等收入水平。不过，近30年的一路狂奔，广东已经开始有点气喘吁吁了。起自2004年的小规模"民工荒"愈演愈烈，加上土地、环境、资源制约的"四个难以为继"，已经隐约敲响了广东发展路径的警钟，而粤东西北的相对欠发达，更让广东的决策者们忧心忡忡。

"我们必须认识到，再不解放思想，锐意进取，用改革创新来解决问题，广东排头兵的位置将难以自保，全面实现小康的目标将难以实现，小平同志托付的任务将难以完成。"刚刚上任的中共中央政治局委员、广东省委书记汪洋在2007年12月下旬召开的省委十届二次全会上大声疾呼。2008年1月，一场"以新一轮思想大解放推动新一轮大发展"的学习讨论在广东全面展开，省委领导牵头十二大专题进行调研，各地市、各部门领导也深入基层。在大讨论、大调研的基础上，《关于争当实践科学发展观排头兵的决定》于6月的省委十届三次全会上出台。

广东，开始了新一轮的改革浪潮。有评论认为，当国际金融危机似乎突如其来使一些人措手不及时，广东已经在思想上蓄势待发、逆水行舟了。

1. 改革的首选路径：产业转型升级

改革的路径首先是经济领域，推动产业转型升级。广东省政府决定出资500亿元全力推进。从表面看，广东的转型升级似乎是政府强力推动的结果，其实是基于市场运行的必然抉择，是政府引导和推进民间资本自主流动的过程。省科技厅厅长李兴华说："政府是抓住机遇，乘势而上。企业是转移的主体。在这个过程中，也是自主创新的主体。"

据调查，政府的竞争性扶持资金与撬动的社会资金为1∶12.6。

而且，这不仅是产品产业、生产技术、生产力布局的转型，也是涉及到生产关系变动的一场改革。为此，广东适度调整省级与市县"四税"分享比例，简政放权、富县强镇，加快小额信贷公司与村镇银行等金融创新，出台自主创新促进条例等。

转型升级的主要抓手是"双转移"——推进产业和劳动力从珠三角向粤东西北转移。省经信委副主任林位超介绍说，全省建立36个承接转移的产业园，2011年创造工业产值3464亿元、税收137亿元，转移就业137.6万人；珠三角转移出企业6000多家，关闭7.2万家，涉及6.22亿元资产；同时，引进企业1.47万家，投入资金1.03万亿元。两个数据值得关注：83万元，是6个转出市累计转移近6000家企业、关停淘汰7.22万家企业的平均投资额；7044万元，是珠三角引进1.47万家企业的平均投资额。后者是前者的84倍。腾挪之间，珠三角的产业转型升级的步伐大大加快，引进投资中，高新技术产业、先进制造业和现代服务业占55％。

2. 经济转型倒逼行政体制改革

在经济领域改革的过程中，人们日益感受到现行行政管理体制对生产力的束缚，经济转型倒逼着行政体制改革。省发改委主任李春洪认为："不能把应对危机的措施常态化、模式化，更不能用政府的'脚'去踩市场的'手'。广东的转型首先是政府的转型。因为政府职能部门的审批项目过多、自由裁量权过大。审批项目过多，造成行政低效；自由裁量权过大，容易产生腐败。"

广东大胆地探索着"放权松绑"。2009年7月，首先是深圳市率先进行"大部制"的改革措施出台，政府职能机构精简1/3。紧接着，是佛山市顺德区的"大动作"，党政机构由41个压缩至16个。其后，广州、珠海、江门、东莞等陆续开始了行政体制改革。现在，广东正尝试正厅级领导的竞争选拔。就如同佛山市委书记李贻伟所说，"转型升级，人是第一位的工作。产业要转型，干部更需要转型。"

精简只是手段，转变政府职能以达到高效运行才是目的，这实质是政府机构权力被削弱的"自我革命"，好在广东有30多年持续改革的社会基础。据省发改委统计，几年来省级层面取消和调整审批权限1500多项；到今年6月底，还要向社会公布进一步减少审批的目录。

在行政体制改革的过程中，一道新的难题又摆在人们面前，这就是政府转移出来的一些职能由谁来接手？省社工委专职副主任刘润华认为："权力在政府内部循环的'左手转右手'，已经行不通了。很显然，向社会分权、形成'小政府、大社会'的格局，就成为必然的选择。如果说，在经济建设中，我们通过'政企分开'解决的是政府与市场的边界问题，实现了政府的第一次'瘦身'，那么，在社会建设中，我们要通过'政社分开'，解决政府与社会的边界问题，实现政府的第二次'瘦身'。""舍得向社会组织放权，敢于由社会组织接力"，在党委领导下，规范发展，形成新的社会治理结构。

2011年开始，广东省着手建立省市县三级社会工作委员会。7月广东省委省政府出台了《关于加强社会建设的决定》，随后，颁发了7个配套文件，这"1+7"形成加强社会建设政策体系。只有18个编制的省社工委是由4位省领导出任主任与副主任的"超级机构"，被称为社会建设领域的"发改委"。

广东省通过"培育壮大社会组织，提升服务社会能力"，全省登记注册的社会组织达30535个，其中社会团体13637个、民办非企业组织16631个、基金会267个，从业人员42万人。通过培育社会组织推进行政体制改革，而社会组织健康有序的发育在很大程度上则有赖于全体公民的基本素质。文化，是制度形成的深层基因。这客观上就把文化体制改革列入必然的议事议程。2010年7月，广东省委十届七次全会出台了《广东省建设文化强省规划纲要（2011—2020年）》，用10年时间打造文化强省，突出创新能力，"改革出生产力，创新提升软实力",实现文化事业强、文化产业强、文化辐射力和影响力强、文化形象好的局面。

广东省积极探索并实现政府力量与民间力量的"合力互动"、公益文化与产业文化的"适度融合"、市场化路径与先进文化引领的"有机结合"。据省委政研室副主任陈子季介绍,5年来,广东投入公共文化设施建设资金超过100亿元,今后5年计划财政投入文化建设资金250亿元以上。

从经济,到行政,再到社会,进而直至文化,这就是广东省推进全面改革的逻辑!也是历史演进的逻辑!

二、发展过程让人民参与,发展成果由人民共享

持续经济高速增长后的减速期,是社会矛盾集中的凸显期。经济结构失衡只是"中等收入陷阱"的表象,其更深层次原因在于收入分配差距逐渐拉大,导致社会阶层矛盾尖锐;价值认同缺失,使社会心理失衡。为化解社会矛盾,党中央早已未雨绸缪而高瞻远瞩地提出"和谐社会"的愿景蓝图。广东的最新解读是,构建"发展过程让人民参与,发展成果由人民共享"的"幸福广东"。

党的十六大以来,中国经济开启了"黄金十年"——经济总量连续跨越1万亿、2万亿、5万亿美元大关,去年超过7万亿美元;2001年中国经济总量约相当于美国的1/10,2011年的总量接近美国的1/2!而广东省2011年的经济总量,在全球经济体中可排名第14位!然而,14.8%、14.9%、10.4%、9.7%、12.4%、10.0%——这是2006年以来广东的经济增长率。今年第一季度,广东省的经济增长率仅有7.2%,东莞甚至是可怜的1.3%!这简直是人们不敢想象的。

与全国一样,经济增长相对减速,已成为不以人们的意志为转移的客观现实。"退潮时才看出裸泳者"。经济高速增长后减速期,正是

被增长所掩盖的社会矛盾最容易激化的时期;而多年积累的一些矛盾,已经不是能通过发展所解决的了。如重化工业主导下的经济增长速度越快,其分配就越倾向于资本,社会收入差距就越拉越大。

当然,中国经济是平滑的"软着陆",而不是掉头向下的"L型"。但是,如何化解社会矛盾、调解社会心理,从而为国家的长治久安奠定坚实的基础?如何构建"一个自由人的联合体",使"每一个人的自由发展是一切人自由发展的条件"?如何"放手让一切劳动、知识、技术、管理和资本的活力竞相迸发,让一切创造社会财富的源泉充分涌流,以造福于人民"?如何实现胡锦涛总书记提出的"改革成果由人民共享",从部分人先富到所有人共富,也就是经济学上的"帕累托最优"?

1. 核心理念:加快转型升级,建设幸福广东

2010年,广东经济总量继续领跑全国,人均收入接近7000美元。与之俱来的是,利益格局多样化、社会阶层多样化、价值观念多样化、民众诉求多样化的时代特点。在"十二五"开局之年,广东省委十届八次全会提出"加快转型升级,建设幸福广东"的核心理念。

何为"幸福广东"?汪洋以三副对联加以诠释:第一副"加快转型升级政府是关键,建设幸福广东匹夫也有责";第二副"人人是创造幸福的主体,个个是享受幸福的对象";第三副"我为别人的幸福努力工作,别人为我的幸福创造条件";横批都是"共建共享"。

"共建共享",就是要破除GDP至上主义和唯发展主义。早在2008年,广东省就十易其稿,出台关于领导干部考核评价的试行办法;现在,广东正在试行《幸福广东指标体系》,让各级政府不再围着"GDP指挥棒"转。这个体系分客观和主观两套指标,11大项、48小项的客观指标是硬杠杠,而37项主观指标则主要是群众对幸福广东实现程度的感受。同时,向全社会征集"广东精神"的活动已经进行到第五轮。

同时，广东省注重在二次分配时，重点向弱势群体倾斜，推动基本公共服务均等化。广东的各级政府每年都要向社会承诺"十件民生实事"，大力投资义务教育、基础医疗、保障性住房、城乡绿道、污水治理等。2011年全省城镇用于保障和改善民生支出4233亿元，占支出总额的63%。广东的城镇新增就业人数、稳定农民工就业人数、社保参保人数和基金累计结余等，均居全国之首。"规划到户，责任到人"，全省5000多个单位"上山下乡"，对3409个贫困村、89万贫困户进行对口扶贫，累计落实帮扶资金130亿元。

不过，笔者在采访中感受到，"共建共享"，首先就是要以公平正义为价值导向。广东省花大气力致力于两件具有深远影响的事情：经济上，着力解决制约广东平衡发展的"两元"——珠三角与粤东西北区域发展的差距、外来务工人员与本地居民享受公共服务的差距，使"发展成果由人民共享"；社会管理上，减少政府的"刚性"，尊重公民的参政意识，放弃"高压"的维稳，依托社会组织，化解社会矛盾，"发展过程让人民参与"。

破解难题的主要抓手依然是转型升级。转型是手段，幸福是目的。这不仅是一个做大"蛋糕"的过程，更是一个分好"蛋糕"的过程，是一个利益格局调整的过程，是一个社会资源优化配置的过程。通过珠三角"腾笼换鸟"和粤东西北"筑巢引凤"，5年来粤东西北多项经济指标的增速都高于珠三角，而珠三角与粤东西北的区域差异系数，由2007年的0.721下降到2010年的0.633。全省城乡居民收入比由2007年的3.15∶1缩小为2011年的2.87∶1。区域经济专家、广东社科院的丁力教授高度评价此举的深谋远虑。

广东省劳动力结构正在优化，呈现"两升两降"趋势：本省农民工增加了248万，外省农民工减少了199万；粤东西北地区新增吸纳本省农村劳动力比重由2008年末的66.8%，升至2010年底的76.9%。这反映出广东省劳动力本土化程度提高，对外省劳动力依存

度降低。

尽管涌向广东的民工潮有所减退,但广东现在仍有3000多万外来务工人员,这相当于我国一个中等省份、也相当于世界上中等国家的人口量。如何使他们融入当地社会并减少其流动性,关系到社会的长治久安。中山市委书记薛晓峰说:"我们要秉承中山先生'博爱'的情怀。以积分制的形式,为外来务工人员打造一个公平的平台,提供一个向上的渠道。这是引导农民工有序走向市民化的过程。"

以中山、东莞的探索为先导,广东积极实施外来务工人员积分入户和积分子女免费入学措施。去年,省政府委托人社厅牵头组织开展积分制入户政策调整专项调研,充分听取专家和农民工代表建议,并征求省直有关部门和各市政府意见,省人社厅、发改委、公安厅等12个部门联合出台了《关于进一步做好农民工积分制入户和融入城镇的意见》,将政策适用范围扩大至所有在粤务工城乡劳动者,降低入户门槛,鼓励引导技能型异地务工人员入户和融入城镇。

据省人社厅的统计,到2011年年底,全省有29.4万农民工通过积分落户城镇;农民工随迁子女接受义务教育超过300万人,数量是全国的1/3。

使农民工融入当地社会,以消解"半城市化"问题,会大大地激发消费需求,为经济可持续的增长提供巨大的动力和基础。而且,随着新生代农民工群体不断壮大,他们的再社会化过程,是一个社会关系调适和社会结构构建的过程。这关系到国家的长治久安。

幸福需要坚实的物质基础,在解决了温饱、超越小康之后,则更在于人们诸多的主观感觉,尤其是个人的价值是否受到尊重、表达的渠道是否畅通、参与的诉求是否得到满足。广东省领导因势利导,多次与网民互动,以"网络问政"的形式问政于民、问需于民、问计于民,一时传为佳话。

2. 发展社会组织，推进社会建设

"市场改变社会"。加强社会体系建设、培育社会组织，既是为政府转移职能培育"接力者"，也是为公民表达心声、参与社会管理拓展渠道，从而增强其价值认同感和社会归属感。从"万能政府"转变为"有限政府"，让出管理与服务空间，让社会组织和民众真正融入到社会管理与公共服务领域中来，使公民真正成为社会的主人，使社会各方都成为社会建设的重要力量，从而真正做到政府"掌舵"，社会"撑船"。政府"掌舵"、社会"撑船"有两个必要条件，一是政府放权，舍得转移职能；二是社会组织的发展，能够承接职能。"凡是社会组织'接得住'、'管得好'的事情，都要逐步交给他们。"广东省的态度不可谓不坚决。

"去行政化"、"去垄断化"，成为广东社会组织发展的两大关键词。《广东省深化社会组织体制改革工作方案》明确以始于2006年的行业协会商会改革为突破口，全面推进社会组织民间化、自治化和市场化，要求社会组织与政府职能部门或事业单位彻底分离。2012年7月1日起，除特别规定、特殊领域外，社会组织的业务主管单位均改为业务主导单位，申请成立社会组织直接到民政部门申请登记；国家机关工作人员不得在社会组织兼职。

"推进社会建设，如果还继续沿用以前那种由政府从上到下的、管控式的社会管理和服务模式，政府将不堪重负，社会秩序和社会稳定的局面也将难以为继。因此，政府必须以'壮士断腕'的气魄和胆识，主动将不该做、做不了也做不好的事情交给社会，增强社会的自我管理和自我服务的能力。"广东省社会工作委员会专职副主任刘润华说。

2011年广东省社会团体因承担政府委托、转移的职能而获得的政府补助金额是1.2亿元，也就是政府用来向社会组织"购买服务"支付的钱。过去一年，全省社会团体承担政府委托转移的职能394

项。目前全省有11%的社会组织承建了政府转移职能，9%的社会组织由政府购买服务。省民政厅副厅长王长胜介绍道，现在，广东3万多个社会组织年均经济活动总量超过700亿元，基金会年均筹资约6亿元；全省有志愿者协会180个、青年志愿服务队6万多个、志愿者达350万人。

广东社会建设的特色和关键就在于政府与社会"共建"和"共享"，政府不包打天下，而是认真听取民意，广泛引入民间机制，吸引社会各方力量一起参与和推动社会建设。如在处理富士康事件中，深圳24家民办社工机构共排出360名社工介入危机处理，为员工提供专业社工服务，发挥了重要作用。"发展过程让人民参与，发展成果由人民共享"，这就是"幸福广东"的逻辑！也是中国特色社会主义的逻辑！

作为改革开放的排头兵，广东有两件事情将在中国民主进程的历史中留下深远的影响。

"南海本田事件"——2010年5月17日，广东省佛山市南海区狮山镇工业园的本田公司上千名工人因对工资待遇水平、同工同酬等问题不满，以"散步"的形式开始罢工。到当月27日，国内外媒体纷纷对此事件曝光，从而引发了全社会对此事件的高度关注。5月31日，一部分所谓狮山镇工会维持秩序的工作人员进入本田公司，令人遗憾的是，本应该代表工人争取利益的工会组织，竟然对罢工工人大打出手。6月初，全国人大代表、广州本田总经理曾庆洪介入罢工事件，他与南海区劳动保障局局长等工作人员通力合作，使工人们同意暂停罢工，与资方一起走向谈判桌。6月3日，工人们发出一封《致全体工人和社会各界的公开信》，并聘请中国人民大学劳动人事学院教授、著名的劳动关系和劳动法专家常凯为法律顾问，在他们与资方的谈判过程中提供建议和支持。在各级政府的协调下，经过几轮艰苦的谈判，资方接受了工人们的大部分要求，并形成劳资协议，使南海本田罢工事件彻底平息。自此,在全国开创了劳资双方以集体谈判方式解决纠纷的先河。

"乌坎事件"——2011年9月,眼看村里几千亩土地被卖光而10亿元巨款不知去向,忍无可忍的广东省乌坎村村民们到陆丰市政府上访,期间发生了封锁公路、打砸村委会和派出所的不理智行为,但次日市政府调派大量警力,武力驱散护村的村民,造成数人受伤,使得矛盾陡然激化。村民们与政府对峙了两个月后,又有几百人再次聚集到市政府上访,有关方面竟调动众多军警,从陆海两方面将乌坎村层层封锁,甚至断水、断电、断粮、断网等,简直犹如战争状态!就在这种一触即发的情况下,汕尾市却高调宣布抓获"9.21"事件中为首分子,扬言要严惩组织者;但万万没有预料到的是,被警方羁押的一村民猝死,使事情到了无法收拾的地步!在这种情况下,广东省委副书记亲自带队进驻,"屈尊降贵"地与先前被地方政府认定为"非法组织"的村民临时理事会负责人会谈,表示要以"最大决心、最大诚意、最大努力"去解决合理诉求:释放被捕村民,归还死者遗体,承认村民的诉求是合理的,村民自治组织是合法的,并对被县市政府多年树为先进典型的村支书和村长进行"双规"等处置,允许并协助村民进行公正的选举等,使这起震惊国内外的事件得到顺利解决。尽管广东省领导一再强调此事没有任何制度创新,只是在现有的法律框架下解决问题,但就全国而言,具有化解社会矛盾的样本式意义。

短 论

Remarks

短　论
Remarks

文化怎样大发展

金　碚

中央提出的推动文化大发展大繁荣的战略正在深入人心，各文化领域和各地方都积极行动起来，文化大发展的热潮方兴未艾，形势喜人，成果初现，中国有望从经济大国发展为文化大国。但在文化大发展过程中也出现了一些值得注意的倾向性问题，其中有些不良苗头尤其要引起我们的警惕。只有密切关注和认真研究文化大发展的体制改革和政策安排的走向，鼓励积极态势，纠正不良偏向，才能保证文化大发展大繁荣的正确方向。

一、文化大发展的障碍

第一，一些文化单位盲目追求经济产出规模和资产规模，以"做大"为目标，各类以大为傲的"集团"应运而生。为了做大，一些集

---

* 作者系中国社会科学院工业经济研究所所长，研究员、博士生导师。

团所实施的发展战略以机构重组和资本运作为手段，进行对外投资或兼并（或行政性划拨）外部资产，往往并入了许多同原有专业关联性不强的业务和机构。由于缺乏相关方面的人才，实际上是进入了自己不熟悉不擅长的产业和领域。由于集团组织结构和构成单位复杂，内部管理能力跟不上，难以完成集团内部整合，甚至导致集团内部矛盾突出。在这样的状态下，集团管理的重心和精力往往偏离了文化产品创造的核心业务。其结果是非主业扩张，主业却相对弱化；集团是大了，产出（销售额）的统计数字高了，但真正的文化含量却相对削弱了，文化产品的档次反而低了。例如，一些著名演艺集团推出的演出节目，尽管包装豪华，场地高档，实际艺术水平却并无提高，甚至明显下降，今不如昔。又如，图书的内容质量同其数量增长明显不相匹配。

第二，一些地方发展文化产业演变为新一轮的"圈地建园（中心、广场、基地）"、"招商引资"竞争，对文化发展的内在规律缺乏科学认识，片面理解"推动文化产业成为国民经济支柱性产业"，试图以发展工商产业和地产业的方式来推动文化大发展。这样的外延型投资扩张（而且常常是以行政参与为特征），如果缺乏有效的经营模式支撑，很可能导致经营困难和债务危机。而不少文化集团也将圈地建楼作为重要工作，主要领导将精力倾注于地产投资，通过地产收益和升值获取集团发展的经济支撑。

第三，一些文化集团公司以及集团公司的内部组织结构，按照工商企业的模式照葫芦画瓢，形式主义严重。例如，一个只有几十人的文化单位（如出版社）转制为有限责任公司，也必须搞董事会、经理层、监事会，硬性进行决策和经理层分开，董事长、总经理、CEO、总编辑、总监之类的高管职务叠床架屋，"安排"干部人浮于事，分工职责不清。一些业务在集团层面和生产单位层面进行强行"整合"、"集中"，反而导致业务链效率降低，绩效下滑。一些曾经的业界佼佼者，反而在组建集团后（往往是级别高但市场化程度低的单位主导级别低但市场化程度高的单位）被扼杀了原有的活力。

第四，为推动文化大发展大繁荣，各级政府都投入了大量资金，这本来是件好事。但由于补贴过滥，补贴制度设计不科学，扶持文化精品的初衷反而变成了补贴大量低质文化产品的生产。除了应该由政府全额出资的公益性文化单位之外，一些应面向竞争性市场的文化单位也倾向于依赖吃政府补贴资助项目获得收入，把更多的精力用于争政府补贴、争国家资助项目上（报"材料"、找"推荐"、过"评审"），甚至把获得政府补贴和资助作为"业绩"标准，而不是真正在出精品上下功夫。结果很可能是，大量获政府补贴的文化产品根本没有市场竞争力和影响力，只能"自娱自乐"，沦为"没有消费者的产品"，实质是政府付费支持了没有市场需求的产品生产。

第五，一些地方组建文化集团以"做大做强"为名，实际上是构建地方性行业垄断组织，使本地区的文化集团拥有更强的市场势力，排斥或限制外地产品的进入和在本地销售。例如，一些地区的图书市场销售渠道正在形成由本地出版集团垄断的地方保护主义格局，对外地产品具有很强的排斥性和限制性。全国市场有可能被分割为流通不畅、壁垒森严的地方保护主义文化市场。

以上问题尽管现在只是局部现象，不可因此而否定文化改革发展的大局，但是，必须引起高度重视。因为，实施推动文化大发展大繁荣战略的初期，是决定方向的阶段，根正才能苗健，苗壮才能树壮。当前，文化体制改革和政策安排正处于"根正"阶段，切不可失之毫厘。

二、文化大发展的政策取向

第一，政府推动文化发展的政策应将促进产出文化精品作为政策鼓励的基本取向，不能简单套用发展工商产业的思路来发展文化事业和文化产业。由于文化产品具有强烈的文化人自主创造的特点,而且,文化发展具有"慢工细活"、"标新立异"和"长程积淀"的性质,简单的资本(资金)推动难以发挥立竿见影的文化精品产出效应。所以,政府的鼓励和扶持政策不应是短期利润最大化(销售收入)导向和资本扩张(企业规模)导向,而应是业务创新和文化积累导向。

第二,文化发展需要政府加大扶持和投入,但政府实施鼓励和支持文化产业发展的财政性政策必须科学有效。政府对文化发展进行财务支持是必要的,但要认识到,政府部门并没有能力准确判断(甚至专家也没有能力准确判断)什么文化产品更"好",更有价值,更值得给予财务支持。实际上没有一个国家是通过政府选择性(歧视性)的补贴政策来实现文化精品的生产而获得显著成效的。政府选择性补贴的效果是非常不确定的,政府有把握"看得准"的投资项目是很少数的。所以,采取普遍性减税(减费)方式比选择性(歧视性)的政府补贴(资助)方式更有效。只有通过以普惠性的财税政策为基础的公平竞争才能既有效识别文化产品的优劣,又体现政府对文化发展的积极扶持。因此,政府财政性支持的基本原则应是:对文化企业事业单位的主业活动进行一视同仁的大幅度税费减免(不仅减免所得税特别是应减免营业税和各种附加费),而对非主业收益则应按同一般工商业相同的税率征收各项税费。必要的政府选择性补贴资助项目则应进一步完善选择决策机制,既要机会公平、普遍可及,又要避免过滥和过于随意的现象。

第三,规范地方在发展文化事业或产业过程中的招商引资行为,禁止地方政府不适当的差别性财政补贴行为,避免因此而导致的不公平竞争局面。当前,各地方政府以提供补贴资金吸引文化企业,补贴方式缺乏规范性,特别是各地区的补贴和优惠政策五花八门,能够获得补贴和无法获得补贴的文化单位处于非常不平等的竞争地位。这样，必然会产生公共资金低效率现象和严重的腐败行为。因此，对文化市场的竞争规则和监管制度应有一个系统的制度安排，其中，应明确包括维护公平竞争的"反补贴"内容。

第四，避免文化产品的市场垄断现象，特别是要避免形成垄断性的销售发行渠道。由于文化市场环境优化的思路不清晰，不少地方的某些文化领域（例如图书发行）正在走向地区性行业垄断甚至行政性垄断，地区之间壁垒高筑，流通费用攀高，阻碍了全国性市场的形成，降低了文化事业和产业的整体市场绩效。因此，文化领域必须有维护市场机制有效发挥功能的针对性"反垄断"政策。

第五，各类文化企业具有很大的特殊性，其组织构架不应强行模仿工商企业的组织模式和公司治理结构，必须尊重客观规律，不可削足适履。工商企业多数为"资本主导型"组织结构，而文化单位多数应为"业务（文化人）主导型"结构。所以，在文化企业的制度和机制选择上，应体现出更加有助于发挥文化人的才智（文化和经营的复合型人才当然更好）。特别是，各类文化单位（事业或企业）的经济学性质不同，有的具有显著的规模经济性，有的并无显著的规模经济性；有的需要大型组织生产，有的更倾向于小型组织甚至个人自主化生产。所以，文化组织的产业集中度和组织规模同一般工商企业会有较大差别，其组织结构和治理结构也会有各自的特点。因此，在文化单位特别是文化企业的组织构建和公司治理结构上应给基层单位有更大的组织自主权。文化发展不仅要有业务创新，也要有组织创新和经营模式创新，而创新的动力和活力主要来自基层。

总之，政府有效引导，维护公平竞争，鼓励自主创新，专注文化主业，是文化大发展大繁荣的基本机制逻辑。

巫师的预言与经济学的预期

赵逸楠[*]

在《哈利·波特》的第三集中，霍格伍兹学校的学生们多了一门新的魔法课，那就是特劳妮教授的占卜学——"拨开迷雾看未来"。有着大昆虫一般长相的特劳妮教授一开始就用她的预言震慑了全班：她告诉笨手笨脚的纳威同学，他将打碎一个杯子，而在打破了第一个杯子以后，请从蓝色的杯子中挑选一个。于是纳威刚走到放茶杯的架子面前，就传来了瓷器破裂的声音。她宣布水晶球显示在复活节之前，全班的学生中有一个人将会永远离开大家。赫敏成为了这一预言的受害者。特劳妮教授先是告诉赫敏，环绕她的光环很小，她对于未来共鸣的接受能力很差，之后干脆宣布她显然不具备占卜这门高尚的艺术所要求的素质。这对于门门功课第一的赫敏显然是巨大的打击，在复活节前，她宣布放弃占卜学的课程，从而应验了预言的准确。接

---

[*] 作者系中央党校经济学部博士研究生。

短 论
Remarks

下来，特劳妮教授从杯底的茶叶看到哈利·波特正面临着不祥的凶兆。在魔法界，当巫师看到这一不祥时，那往往意味着死亡的临近。罗恩的叔叔就是在被揭示了凶兆之后迅速离开了大家。全班人开始不断向哈利投来鬼鬼祟祟的目光，在目光的照射下，哈利也觉得自己成了一个随时会倒地而死的人。各种不断的死亡威胁也开始出现在哈利周围……然而，最后哈利的死亡凶兆却给他带来人生最宝贵的友谊——小天狼星布莱克。愤怒的赫敏也揭开了特劳妮教授水晶球的逻辑——大多数巫师们看到了不祥就吓死了，不祥不是死亡的凶兆，而是死亡的原因。哈利之所以能够还同大家待在一起，是因为他还没有笨到看到它以后就想："好吧，我不如突然死去吧！"其实，书中的头号反角伏地魔也上了同样的圈套：特劳妮教授的水晶球显示伏地魔将终结于哈利的手下，于是伏地魔从哈利的襁褓期就开始不断地试图将他未来的威胁消灭，而正是他的一系列行动最终导致了自己在哈利和其朋友手下的灭亡。特劳妮教授的水晶球先是让巫师们看到未来，然后再让他们改变自己的行为，从而实现了水晶球里的未来。人们的预期成为特劳妮教授百战不殆的老魔杖。特劳妮教授和她的水晶球，同样改变着我们身边的经济世界和生活：

在宏观经济学的领域里，预期一直扮演着重要的角色。从经济学的角度讲，从事经济活动的人为了自己的利益，总是要先对未来经济形势的变化作出估计和判断，然后再决定自己如何行动，这种行为构成了我们的水晶球经济课。传统的凯恩斯主义经济学认为，人们的预期体现为心理上的消费倾向和对资本未来收益的设定。当人们对未来产生某种盲目的悲观时，就会紧缩消费和开支，宏观经济会产生经常偏离于古典主义经济学均衡的失业和有效需求不足。因此，政府绝不能对经济偏离均衡的状态束手不管，而是必须通过财政政策和货币政策的刺激，一方面改善有效需求，一方面使经济人的预期回到正面的轨道。在传统的凯恩斯经济学中，存在着通货膨胀和失业率互相替代的菲利普斯曲线。当人们预期到通货膨胀会上升时,就会自动地花钱从而提高就业。政府在宏观经济中的作用,是改变水晶球的幻象,只要不断地让水晶球展示美好的未来,未来也就将随之实现。在这种预期理论下,经济人都像前文的纳威同学一样,被特劳妮教授的预言所完全左右,形成一种纳威式的正反馈预期。

货币主义的领袖弗里德曼最早对凯恩斯主义的预期理论提出了挑战:他提出,人们根据既往经验所形成的关于未来的预期不会轻易改变。这样在短期中,央行可以把预期的通货膨胀率作为既定量。当货币供给改变时,总需求曲线会沿着既定的短期总供给曲线变动,进而引起产量、价格、失业率和通货膨胀率发生没有预期到的波动。但在长期,人们基于既往经验教训的总结,应该可以准确地预料到中央银行的货币政策对通货膨胀率的影响,从而工资和物价等变量都将根据这种通货膨胀率的预期做出调整。人们会要求调整名义工资率等变量,使得政府政策实施后的实际工资率等变量保持不变。这样一来,扩张性财政货币政策的结果只能是导致物价的上涨,而实际就业率将在既有的水平上保持不变。政府的宏观经济政策有效性将只局限于一时,而在长期失效。也就是说,大家会在一开始被水晶球的幻象所蒙蔽,但当大家在长期中意识到水晶球并不完全灵验时,就会像哈利·波特一样,形成对特劳妮教授的"适应性预期"。

新古典主义经济学则对传统凯恩斯主义的预期逻辑给出直接致命的一击:20世纪70年代,罗伯特·卢卡斯等经济学家促成了宏观经济学"预期革命"。理性预期学派认为,参与经济活动的主体,都是像聪明学生赫敏一样,具有完全理性的、明智的,以追求利益最大化为目的的所谓"经济人"。他们在对经济形势进行判断时,一定会尽力地获取最完全的信息,这种预期能够完全符合未来将会发生的经济活动的事实,所以成为"理性预期"。这就像每个魔法学校的学生都有着一个属于自己的水晶球,并按照它的预示做出反应,而不是跟着

短 论
Remarks

特劳妮教授的水晶球行事。因此，政府准备采取什么行动，往往在尚未实行时，公众就已了如指掌，并采取了预防性措施。政府在财政、货币政策上无论怎么花样翻新，在人们的理性预期面前都会失效。理性预期经济学是在凯恩斯经济学危机中兴起的西方重要经济学流派之一。它使得宏观经济学在理论结构、分析方法上发生了重大的变化。

2011年的诺贝尔经济学奖被再一次授予了理性预期学派的两位经济学家西莫斯和萨金特。他们的获奖原因正是对宏观经济学中"什么导致了什么"做出了深入的计量研究。正如同水晶球里的未来改变了现在，而现在又决定了未来一样。宏观经济学中的政策将影响经济，而经济也将影响政策。对未来的预期是这种双向影响关系的基本方面。例如，私营领域对未来经济活动和政策的预期将影响他们在薪酬、储蓄和投资方面的决定。与此同时，经济政策的决策又将受到决策者对私营领域发展预期的影响。因此，最好的预言课并不是通过水晶球来展现一个虚幻的现象，而是让学生掌握通向未来的知识。最好的政策也不是通过欺骗来获得短期的繁荣，而是给社会树立确定的心理预期，让每一个经济人确定地知道政府的目标以及为捍卫这些目标而采取的工具。萨金特研究了二战后的经济状况，当时许多国家开始都倾向于推行高通胀政策，但最终它们对经济政策做出系统性调整，进而转化为通胀率的下降。这正是执政者从水晶球的麻烦中学到的教训。

在《哈利·波特》的系列小说里，J.K.罗琳将她的读者带入了一个世俗与不可思议、平凡与超现实事物共存的世界。在那个世界里，汽车可以飞行，猫头鹰可以送信，肖像可以说话，镜子可以反映人内心的欲念；而与我们身处的凡尘俗世相同的，则是死亡和生活上的灾祸无可避免，爱和希望界定人们生存的意义。还有，就是人们的预期和身边的世界在互相发生着复杂的影响。本届诺贝尔奖委员会的致辞中提到，当前发达国家的经济体正为其宏观经济政策无法达到预

期效果,反而使自身陷入多重矛盾之中的窘境而苦恼。正像特劳妮教授的水晶球给我们带来的种种矛盾的预示一样,经济学家在宏观经济学领域的分歧,远比共识要多。拨开迷雾看未来——对于预期的经济学理论研究还远远不能成为令这些经济体迅速摆脱政策困境的"灵丹妙药","但确实能为那些此前只注重短期效果的宏观政策制定者鸣响警钟"。

调研报告

Report of Investigation and Research

汶川发展振兴展望：
勇做科学发展排头兵

中共中央党校经济学部课题组[*]

2008年5月12日大地震，汶川瞬间成为一片废墟，但3年后汶川完成灾后重建，今天汶川再一次站在了历史新起点上，全面转入发展振兴的新阶段，力争成为四川省阿坝藏族羌族自治州科学发展的排头兵。

一、汶川县加快发展振兴已经具备较为坚实的经济基础条件

汶川县"家家有房住、户户有就业、人人有保障、设施有提高、经济有发展、生态有改善"的三年重建目标全面实现，人民群众的基本生活生产条件均达到和超过灾前水平，为汶川发展振兴奠定了坚实

---

[*] 课题组主要成员为中共中央党校经济学教研部潘云良、李鹏、孙小兰、胡希宁、陈启清、郭威；执笔人李鹏。

的基础条件。

1. 基础设施全面提升

"5.12"特大地震和"8.14"特大山洪泥石流灾害后，根据汶川重建规划的安排，包括基础设施在内的503个重建项目已全面完工，汶川的基础设施条件实现了历史性跨越。县乡主要干道、通村公路硬化率实现100％、通达率实现100％，映汶高速公路已经建成通车，川汶路、汶马路等干道建设基本完工，交通基础条件极大改善。农村水网、电网、邮电通信网、广播电视网基本恢复震前水平，水利设施快速恢复，农业综合生产能力得到提高。

2. 转变经济发展方式实现突破

2008年地震灾后，汶川县紧紧抓住扩大内需和灾后重建的特殊机遇，大力调整经济结构，县域经济基本摆脱传统低效的增长方式，经济发展全面转入现代经济增长形态。第一产业正在向"高品质、高产量、高效益"的"三高"农业发展，特色农业和优质农产品取得长足发展；第二产业按照"2＋X"工业发展布局，已经初步形成一批以"新能源、新材料、新医药"等为代表的"三新"工业；以"精品景观、精美村寨、精致农庄"为内涵的"三精"旅游新格局基本形成。新型工业化、新型城镇化、农业产业化、旅游国际化、文化市场化的"五化"联动机制全面启动。

3. 城乡面貌焕然一新

汶川县震后全面实施了"一心两廊四区"城镇体系重建规划，大力发展组团式、生态化城镇，城镇配套功能进一步完善，县城"一带三组团"的空间布局基本形成；威州羌城、绵虒古城、天地映秀、水磨古镇、水乡三江、漩口山城、魅力银杏、花谷草坡、书香雁门、龙溪羌人谷、克枯"卫星城"等一批具有浓郁藏羌民族特色的新城镇和旅游集镇拔地而起。通过推进新农村建设和城乡环境综合整治，按照"发展现代农业、培育现代农民、建设现代农村"的总体思路，以

102个精品旅游村寨、幸福美丽村寨为重心,推进"三百"示范工程建设,科学布局村庄、突出村落特色、优化民居设计,形成了一批特色鲜明、布局合理、功能完善、带动力强的新农村,成为汶川灾后恢复重建新村建设的典范。

4. 居民生活水平迅速增长

汶川县坚持将灾后恢复重建与保民生、促发展相结合,大力实施"九项民生工程",社会保障体系和救助体系不断完善,城乡居民的生活水平明显提高。城镇居民可支配收入、农民人均纯收入明显增加,年均递增率分别为15.6%和11.0%。汶川全面完成了县乡医疗卫生机构、社会福利设施的重建,建成一批健身广场、文化中心、村民活动中心和污水垃圾处理等设施。全县的医疗卫生设施、设备更加先进,服务功能得到有效提升,县、乡、村三级医疗服务网络全面恢复,公共卫生体系基本健全。汶川县教育投入逐年增加,办学条件明显改善,实施了藏区"9+3"免费职业教育,以硬件设施提升为依托,全面巩固"两基"成果,大力发展寄宿制教育,实施学校标准化、规范化建设和管理,促进了义务教育均衡发展。

二、汶川县加快发展振兴,建设成为四川省科学发展排头兵的主要优势

促进汶川发展振兴和长远可持续发展是一项长期而艰巨的任务,尤其是2010年"8.14"特大山洪泥石流灾害,更反映出汶川可持续发展的任务十分艰巨。为了支持灾区发展振兴,国家继续给予各种支持,并把灾区发展振兴作为重要内容列入"十二五"发展规划,在财政、税收、金融、投资、土地、产业、扶贫开发等政策上给予支持,为灾区发展创造良好环境。

1. 区域特色资源优势

汶川有着独特的区域自然资源、人文历史资源和一定的工业基

础。地震之前，由于受制于交通、开放、品牌等条件的约束，汶川的特色资源难以完全体现其内在价值，随着汶川的开放发展，这些资源将成为汶川发展振兴的巨大优势。

汶川空气清新，水质良好，土壤洁净，大气、水、土壤均不含有毒物质和危害人体健康的重金属元素，全部监测参数符合国家绿色食品产地环境技术条件农业行业标准（NY/T391—2000），为无公害农产品和绿色食品生产提供了先决条件。目前，汶川已基本形成了南部茶叶、猕猴桃两大产业带，北部以甜樱桃为主的特色水果产业带和无公害蔬菜产业带，建成了威州镇布瓦山"农业生态科技示范园"基地，绵虒镇三官庙村"经济生态示范园"，水磨镇优质茶叶基地，三江乡猕猴桃基地和漩映地区"苦丁茶"基地，七盘沟枇杷园、克枯乡的梨枣园等一批高标准特色农业基地。

汶川是阿坝州水能资源最丰富的县，岷江纵贯全境，长达88公里，主要有杂谷脑河、渔子溪、草坡河等支流，全县已建和在建水电站总装机容量161万千瓦。汶川县境内有矿产地82处，品种达50余种，其中，非金属矿产种类较多。金刚砂的储量、品质均属全国之最。煤、铁、石榴石、磁铁矿、石灰岩、钠长石、水晶等储量相当丰富。

汶川县民族文化和生态旅游资源十分丰富，被称为大禹故里、熊猫家园和羌绣之乡。汶川冬无严寒，夏无酷暑，旅游舒适期很长，是离成都等大城市最近的"天然氧吧"之一，是最适合都市人休闲的生态旅游胜地。重建后的水磨古镇已被联合国人居署授予"全球灾后重建最佳范例"。汶川以水磨镇和布瓦寨为代表的新型城镇和村落，已经成为汶川县休闲农业与乡村旅游发展的支撑资源。经过两年多的建设，汶川已经将三江、水磨古镇成功创建为国家4A级旅游景区。以映秀为核心的震中纪念地旅游区、以威州为核心的羌民族民俗文化旅游区、以绵虒为核心的大禹文化旅游区、以卧龙为核心的大熊猫栖息地旅游区、以草坡为核心的藏乡文化旅游区，景点及基础设施各项建设已经初具规模，正在全力加快推进。

2. 融入成渝经济圈的区位优势

汶川县位于四川盆地西北部边缘，是阿坝州南大门，与都江堰毗邻，县境距成都中心城区仅68公里，都汶高速公路建成通车后，汶川县城至成都只需一个多小时车程。国道213线和国道317线贯穿全境，国家三级公路纵贯各乡镇间，是成都通往九寨沟、黄龙及卧龙、四姑娘山、达古冰川、大草原旅游的必经之地。素有阿坝州南大门和"川西锁钥"之称，在川西北地区具有良好的区位优势。

2011年5月，国务院正式批复《成渝经济区区域规划》。《规划》提出，成渝经济区将依托中心城市和长江黄金水道、主要陆路交通干线，形成以重庆、成都为核心，沿江、沿线为发展带的"双核五带"空间格局，推动区域协调发展。作为成都一小时经济圈和重庆两小时经济圈重要组成部分的汶川县，能够借助成渝经济圈和成都天府新区的发展，获得更多、更广、更直接的发展机遇。

汶川地理面积狭小、人口较少、收入水平较低，内需市场十分有限。长期以来，区位优势难以全面发挥。随着成渝经济圈的发展，尤其是借助临近成都大市场的供给与需求能量，汶川的地缘区位优势和便捷的交通条件，能够加快推进汶川基础设施、重大产业、环境保护、科教技术、文化旅游等方面与经济中心区的对接，促进汶川的资源、产业、市场和劳动力优势互补，带动汶川与核心区经济融合发展，让汶川的区位优势释放出更大的发展能量。目前，"广—汶金堂开发区"所在金堂县已经被整体划入成都核心区，只要利用和发挥好广—汶合作政策，这块飞地经济就可能真正飞起来。对于汶川未来发展的支柱产业旅游业来说，可以通过开拓成都及临近城市的大市场，找准市场的结合点，开发与周边县市差异化的旅游产品，把汶川县打造成为国内重要的旅游目的地就能够实现。

3. 驶入广东发展快车道的开放优势

广东对口援建汶川任务全面完成，汶川灾后重建开始步入了一个重大的战略转折期——后援建时代，援建的重点已由短期对口援建变为长期对口合作。对汶川而言，这是一个以转化援建成果增强持续发展能力为目标的新阶段。对广东而言，这是一个由单方受益的"对口支援"迈向以互惠互利为主体的"共同合作"时代。广东作为经济强省，市场广阔，产业多样化，发展机制较为完善，可以帮助汶川民众发展致富，汶川拥有丰富的各种特色优势资源。通过搭建广东—汶川的长期合作平台来实现互补双赢，是粤川两地在谋划"后援建时期"时的共识。汶川与广东对口合作长效机制的建立，使汶川县能够积极融入广东发展的快车道，广东省作为中国改革开放的最前沿地区，能够为汶川发展振兴获得更多资本、技术和人才，提供强大的政策。双方合作机制的建立，也让汶川作为广东省第68个县纳入广东省发展规划有了牢固的制度支撑。

4. 汶川影响力带来的品牌优势

地震让汶川受了伤，但灾后重建，又让汶川原地起立。这次起立不是重新站立，而是带着新的精神和新的理念，以一种全新的面貌和形象挺立在中国和世界面前。汶川以敞开的广阔胸怀迎接来自社会各界的支持和帮助，这种姿态让外界对汶川有了全新的认识。汶川已经从一个默默无闻的欠发达民族小县，一举成为备受国际社会和国内民众关注、关心的热点地区。因此，汶川的发展振兴不仅改变着汶川人的生产和生活，也牵动着社会各界的目光。

汶川被人熟知的过程，恰恰是汶川影响力扩大的过程。这是汶川对外开放、谋求发展过程中一个难得的机遇和一种无形的品牌优势。以这种品牌为桥梁，打通汶川对外交流、对内搞活、招商引资、产业培育和人才引进的各种渠道，无疑能够为促进经济发展方式转变创造更多条件，为汶川发展振兴奠定更为坚实的基础。

三、汶川县促进发展振兴，建设成为四川省科学发展排头兵的战略定位

根据四川省和阿坝州"十二五"发展规划的要求，汶川县将大力发展产业、扩大就业、扶贫帮困，力争把汶川县建设成为灾区发展振兴新的增长极、四川经济西进桥头堡、新型经济发展示范区，尽早实现汶川撤县建市，全力将汶川这座古老而新生的县城以市的建制出现在祖国的版图上，续写汶川的发展奇迹。

1. 民族地区新的增长极

充分利用加快藏区跨越式发展、新一轮西部大开发、建设省级社会主义新农村示范县、扩大内需等重大历史机遇，加快汶川优势资源的开发，广泛吸引国内外资本、技术和人才等生产要素资源，加快推进一主五化三加强（以工业强县为主导，推进新型工业化、新型城镇化、农业产业化、旅游国际化、文化市场化，加强基础设施建设、加强科教文化建设、加强对外开放），实现对阿坝州经济的强大带动和辐射作用，建设民族地区新的增长极。

2. 四川经济西进桥头堡

充分利用汶川的交通优势和广东—汶川对口合作机遇，紧扣区域优势，进一步解放思想，推进开放合作，不断优化环境，主动接轨广东沿海、全面融入成渝经济圈，抢搭四川经济西进快车，实现产业、企业、产品的全面发展提升，经济实现速度与效益的协调发展，辐射带动西部广袤高原腹地的发展，成为四川经济西进桥头堡。

3. 新型经济发展示范区

紧扣援藏政策，加快西部开发步伐的迈进。充分发挥资源优势，以资源转化科学化和资源利用最大化为目标，获取大政策、力争大项目、培育大产业、促进大发展。努力提升区域核心竞争力，走出一条民族地区特色化、差异化的发展振兴道路。力争通过五年的努力，形

成一、二、三产业互动相融的良好运行态势，使汶川的产出是绿色的、循环的、生态的，发展方式是集约的、创新的，成为新型经济发展示范区。

四、汶川县促进发展振兴，成为四川省科学发展排头兵的主要举措——"六大能力"建设

汶川县为了促进发展振兴，围绕"六大能力"建设，出台一系列相关战略举措，勇当阿坝州科学发展排头兵。

1. 发挥国家政策综合效应，提升运用政策红利的组织能力

汶川县地处中国西部山区地区，属于典型的欠发达民族地区，市场发育程度较低，经济发展的基础条件比较落后，在竞争中处于不利的地位，汶川的发展振兴离不开国家、省市的政策支持。中央和地方的各类优惠扶持政策，能够为汶川发展创造更多的条件，让汶川又快又好地发展起来，让人民群众更快更好地富裕起来。因此，用好、用足、用活各级各类国家政策，通过国家政策的扶持和发挥市场的力量，把看得见的手和看不见的手结合好、搭配好，最大限度地发挥政策综合效应，是汶川推动产业结构优化升级、加速经济社会发展的重要手段。

汶川发展需要在基础设施建设、产业培育以及社会事业发展上投入大量的资金、人才和物力，政策的需求种类多、项目金额大、周期比较长。如果仅停留在局部政策的修修补补上，汶川将难以从总体上解决发展中的根本性难题，2015年发展振兴的目标恐难实现。因此，全县要对经济、社会、政治和文化等各领域的政策需求进行系统整理，把国家和省市出台的各类政策进行细致分析，建立一揽子政策和对策的项目资源库。根据国情和县情的变化，不定期进行替换和调整。

2. 加快转变经济发展方式，提升产业支撑能力

产业培育和增长是一个长期过程，汶川县要通过转变经济发展方

式，不断夯实发展振兴的产业基础。

选准主导优势特色农产品，增强农业的区域化和差异化竞争能力，促进传统低效自然农业向现代高效精品农业转变。汶川农产品的竞争力不在于大规模的产量，而在于能否发展起来具有品种、品质和品牌等"三品"优势的精品特色农产品。甜樱桃、猕猴桃、核桃等特色水果和干果产业发展，要在保证品质的基础上，重点培育和形成品牌优势，同时注重与观光农业结合，增加产品的服务价值；花卉等休闲型农产品应当主要以适应和满足季节性需求为主，灵活地调整品种结构；无公害蔬菜、食用菌、有机茶等农产品的开发，要立足特定的消费群体，以强化原产地的地理标志为重点，占领稳定的市场份额；随着社会主义新农村综合体建设的发展，农村畜牧养殖业要向适度集中规模经营发展。

做强特色新型工业，增强工业经济的根植性和自生能力。要根据市场变化，适时适度推动现有"三新"工业进行产品、技术和装备的升级。巩固以水电为优势的绿色产业，壮大电解铝、锂盐、工业硅、磁材、电子、人工晶体等产业，实现由资源型的三高一低工业粗放模式向低碳环保效益型增长转变。要围绕主导产业定位，按照循环经济低碳发展的原理打造优势工业产业链。要列出产业配套"清单"，有针对性地引进缺失链条、补强薄弱链条、提升关键链条。通过内联外引形成一批大中小企业相互配套、关联度大、带动力强、辐射面广、集约化高的优势产业集群，促使"三新"工业在汶川的自生能力提高，减少对外部市场技术和人才的过度依赖，提升产业发展的综合实力。要充分利用汶川与广东对口长期合作的各种机会，抓住中国消费能力最强的沿海地区，让汶川原生态农产品和加工农产品直接进入发达市场，形成沿海需求拉动型的内地优势特色产业。同时，紧紧盯住成渝经济区扩容发展带来的新的市场机遇，把成渝尤其是成都的资金、人才和技术优势利用起来，使这个西部的高新技术产业基地成为

汶川工业升级的人才库、技术库和资金库。

以全域景区建设为统领,打造现代民族文化产业的发展高地。乡村旅游业是汶川县重点发展的战略性新兴产业,是带动汶川就业和提高城乡居民收入的支柱产业。围绕自然生态和特色文化两大特色,汶川已经逐步形成"大禹故里、熊猫家园、羌绣之乡、震中汶川"四大旅游品牌。汶川要把生态农业和民族村寨结合起来,使汶川成为周边发达城市化地区的旅游、休闲、养生的主要目的地。要利用全国休闲农业与乡村旅游示范县创建工作的机遇,整合相关的体育、文化、生态、农业等禀赋资源,继续提升三江景区、水磨古镇两个国家4A级旅游景区管理水平,力争将大禹故里旅游景区和熊猫家园旅游景区创建为国家5A级旅游景区。

3. 增强市场机制作用,提升资金供给能力

汶川县进行经济结构调整需要巨大的资金投入,新兴产业的培育以及低碳经济、循环经济等新经济模式发展更需要大量资本注入。汶川进入发展振兴阶段的资金筹措和供给,需要增强市场机制作用,创新和利用各种投融资形式,从财政投入为主的一个动力轮子,转变到财政与市场两个动力轮子的双动力结构。

"四两拨千斤",发挥财政资金的杠杆作用,撬动社会资金。财政性资金相对于汶川振兴发展所需全部资金只是杯水车薪。从资金的作用看,财政性资金更多发挥的是市场资金的引路石功能。因此,需要整合各类财政性资金,增强资金的规模效应,以吸引和调动更多大企业资金。在基础设施中要引进BOT方式,通过特许、合同等形式将某些原来主要由政府独立举办的公共工程项目转由政府和民间资本共同来运作。要延续恢复重建时期的金融优惠政策,争取更多财政贴息,以鼓励银行更多地向本地产业和企业发放贷款。汶川动员社会资金,除了以银行为主的传统金融机构和各种新型机构之外,也需要鼓励和推动企业、个人,探索各种市场化的资本合作形式,建立多元主

体有效有序参与及合作机制,把闲散的社会资金最大程度动员利用起来。

"抓大促小",加快各类小型金融机构成立步伐,建立多种投融资渠道。解决汶川发展振兴中的企业发展、产业增长的融资难问题,必须建立与经济结构相一致的金融结构。汶川的大型基础设施和公用设施,在国家资金的保障下,要大力发挥国家大型金融机构的实力、技术和经验。汶川地方性的资金需求,要通过发展各类区域性的现代小型金融机构,以确保资金和资本的供给。因此,要继续深化农村信用联社改革,筹建汶川农村商业银行,加大对担保机构的扶持力度,充分发挥担保资金撬动银行信贷资金的杠杆作用。汶川要把发展小额贷款公司作为满足民间金融需求的重要途径,利用好国家及四川省的相关政策,出台一系列相关配套政策。

4. 大力发展创业经济,提升城乡居民的自我发展能力

就业是民生之本,创业是就业之源。创业是最积极、最主动的就业,它带来的不仅仅是个人财富的增长,更重要的是可以推动整个社会经济发展。

目前,汶川县有适龄劳动力61163人,其中,农业适龄劳动力40727人。根据测算,在"十二五"期间,汶川需要从农业向非农产业转移的劳动力至少有15000人。四川是全国的劳务输出大省,川籍劳动力已经在全国"遍地开花",形成一个浩浩荡荡的就业和创业大军。劳务输出成为四川农民增收的最主要途径。汶川劳动力的就业出路同样要大规模走出农村、走出汶川、走入西部、走向全国,通过创业实现就业和增收。随着全国新一轮西部大开发和藏区经济发展,四川农民及城市居民能够获得更多的就业机会。尤其是成渝经济区发展壮大,为汶川老百姓在四川和重庆等家门口地区创业和就业提供了新的机遇。

"创业就是打拼",汶川的恢复重建是汶川人打拼出来的奇迹,汶

川的发展振兴就是汶川人的"二次创业",更加需要打拼的精神。汶川要综合运用电视、广播、报刊、网络等各种媒体工具和举办专题、专栏、专版等多形式,广泛开展"二次创业"的宣传活动,通过开展解放思想大讨论和"科学发展、和谐创业、快速崛起"主题宣传活动,在全县上下树立全面创业、自主创业、艰苦创业观念,树立创业典型,大力弘扬具有汶川特色的创业精神,培育"开拓、勤勉、合作、诚信"的创业文化。用自主创业实现人生价值,以创业带动更多的人就业,让汶川精神和汶川人在全民创业的热潮中再次遍地开花。

5. 发挥科教优势,提升汶川县创新发展能力

"汇才智才能促振兴",汶川县需要加快科教汶川建设,在已有优势的基础上,提升创新发展能力,支撑汶川经济社会发展转型。

立足"科教汶川"建设,打造川西北人力资源强县。汶川在阿坝州有着较为雄厚的教育优势,科技水平也有一定的基础。根据汶川工业化、城市化和现代服务业的发展要求,汶川要大力发展职业教育,为现代农业、新型工业和精品旅游业教育和培养大量实用能力强、扎根于汶川的技能型劳动力。要实施人才飞地建设,灵活使用好国内外各类人才。汶川引进人才困难,稳定人才更为困难。汶川所处的成渝经济区有着大量的各类人才,汶川的恢复重建就聚集了国内外各类人才。汶川要继续发扬已有经验,创新与国内外院所、高校和企业的人才合作机制,"不求所有、但求所用",使汶川成为川西北运用人才的高地。

实施"科技兴县"战略,搭建现代农业和新型工业发展的科技平台。要建立新型农业科技创新体系。以特色水果、无公害蔬菜等特色产业为重点,加强新品种、新技术的研发及推广,提高农业科技水平,着力培育一批与主导产业相关联、具有较强市场竞争力的科农贸龙头企业,实现规模化、产业化经营。要加强科技交流与合作,搞好技术引进、技术攻关的协调工作,解决汶川主要产业发展中的技术重

点与技术难点。加大对民营科技企业支持力度，鼓励科技人员创办科技服务中介机构。

6. 以改革开放为强大动力，提升汶川县软环境竞争能力

社会环境是企业成长和经济发展的土壤，市场环境是养分、政府环境是甘露。汶川县按照"经济发展，环境先行"的执政理念，进一步内优环境、外塑形象，努力营造政通人和的为政环境、近悦远来的投资环境、安居乐业的治安环境、正气浩然的舆论环境，切实加大社会主义核心价值体系建设，营造铭恩奋进的社会环境，不断塑造汶川对外新形象。

加快政府职能转变和行政体制改革，以政府高效带动经济高速。汶川县恢复重建的重要成功经验，就是汶川各级政府部门的高效率运转，保质保量地完成了各项任务和各项工作。发展振兴不同于恢复重建，各个部门及各级干部不仅要运用好政府政策指挥调度，也要掌握运用市场手段调控引导，更要熟悉法律法规依法行政。这些多方面的执政要求，对政府部门及干部的能力提出了更高的标准。因此，只有通过加快政府职能转变，以高效的政府推动高速的经济发展，以高水平的执政能力实现高质量的发展振兴。

现代市场体系是汶川企业融入成渝乃至全国大市场的主要渠道。汶川要以发展现代市场体系为目标，加快市场建设，努力完善商业体系和流通市场体系。建立健全社会信用体系，规范和整顿市场经济秩序。形成市场主体公平竞争，市场法制和市场中介组织健全，社会信用体系比较完善，市场经济秩序比较规范，政府依法调控和监管市场、国内外贸易相互融合和相互促进的现代市场体系。

"一旦云开复见天"，汶川在加快发展振兴的进程中，将继续发扬汶川精神，充分调动全国乃至世界各方面力量的积极性，再造出一个富裕文明和谐魅力的新汶川，成为阿坝州科学发展的排头兵。